新农村建设农村热点问题丛书

中国十大名村的故事

朱道才　张秀荣　董青青　编著

中国财政经济出版社

图书在版编目（CIP）数据

中国十大名村的故事/朱道才，张秀荣，董青青编著．—北京：中国财政经济出版社，2011.10

（新农村建设农村热点问题丛书）

ISBN 978 – 7 – 5095 – 3082 – 5

Ⅰ.①中… Ⅱ.①朱… ②张… ③董… Ⅲ.①农村 – 社会主义建设 – 经验 – 中国 Ⅳ.①F320.3

中国版本图书馆 CIP 数据核字（2011）第 177029 号

责任编辑：李玲兰　　　　　　责任校对：徐艳丽
封面设计：汪俊宇　　　　　　版式设计：文　通

中国财政经济出版社出版

URL：http：//www.cfeph.cn

E – mail：cfeph@ cfeph.cn

（版权所有　翻印必究）

社址：北京市海淀区阜成路甲 28 号　邮政编码：100142
发行处电话：88190406　　财经书店电话：64033436
北京财经印刷厂印刷　　各地新华书店经销
880×1230 毫米　32 开　4.75 印张　124 000 字
2011 年 9 月第 1 版　2012 年 5 月北京第 3 次印刷
定价：20.00 元
ISBN 978 – 7 – 5095 – 3082 – 5/F·2613
（图书出现印装问题，本社负责调换）
本社质量投诉电话：010 – 88190744

前　言

随着改革开放的不断深入，社会主义新农村建设成为农村发展的重点。在改革开放三十年的伟大进程中，神州大地涌现出一大批生活富裕、乡风文明、代表性强、知名度高的村子，成为社会主义新农村建设中的领头雁。2005年9月，第五届全国"村长"论坛在山西省晋中市及大寨村举行，论坛以构建农村和谐社区为主题，以促进农村社区健康发展为目标，努力扩大东部、中部、西部农村间的交流与合作。论坛中来自全国各地的村官进行了广泛的经验交流，而且中国村官的第一个共同宣言《大寨宣言》产生了。在这次村长论坛上评选出了中国十大名村、十大杰出村官和中国特色村。中国十大名村是：推出村庄兼并新模式，年产值300亿元人民币的中华第一村江苏华西村；高举艰苦奋斗和开拓创新两面旗帜，以产业与生态旅游重铸辉煌的山西大寨村；产业兴村的京郊第一村北京韩村河村；走工业化集团道路的红色亿元村河南南街村；以市场兴村的上海亿元第一村九星河村；改革先行者不断寻求新突破的安徽小岗村；实施高科技兴村的浙江花园村；因地制宜开发产业的云南福保村；着力打造浙江第一村的浙江滕头村；将旅游文化做大做强的江西进顺村。这十大名村在社会主义新农村建设中，勇于创新、敢为人先，取得了辉煌的建设成果，是全国农村建设的楷模。

为了使广大农民朋友了解这十大名村的发展历程和建设成果，增强对农村建设的信心，更积极地投入到中国的农村建设之中，在中国财政经济出版社的组织下，我们编写了这本《中国十大名村的故事》。本书集知识性和趣味性于一体，采用通俗易懂的语言，以故事的形式向农民朋友展示十大名村的发展历程和新农村建设成果。本书共为十章，每一章讲述一个名村的发展故事，比较全面地向农民朋友展现了十大名村的发展历程。

编　著
2011 年 7 月

目　　录

第一章　天下第一村——江苏省华西村 …………………（ 1 ）
　第一节　江苏华西村简介 …………………………………（ 1 ）
　　一、华西全貌 ………………………………………………（ 1 ）
　　二、华西村民 ………………………………………………（ 2 ）
　　三、华西干部 ………………………………………………（ 3 ）
　第二节　华西村新农村建设成果 …………………………（ 4 ）
　　一、精神文明建设 …………………………………………（ 4 ）
　　二、物质文明建设 …………………………………………（ 6 ）
　第三节　华西村发展特色 …………………………………（ 10 ）
　　一、山南"钱庄" …………………………………………（ 10 ）
　　二、山北"粮仓" …………………………………………（ 10 ）
　　三、中间"天堂" …………………………………………（ 11 ）
　第四节　华西村发展致富秘诀 ……………………………（ 12 ）
　　一、卓有成效的精神文明建设 ……………………………（ 12 ）
　　二、乐于奉献的领导班子队伍 ……………………………（ 13 ）
　　三、科学合理的人才聘用制度 ……………………………（ 14 ）
　　四、灵活有效的管理制度体系 ……………………………（ 14 ）
　　五、完善严肃的规划保障制度 ……………………………（ 14 ）

第二章　名村影响力第一村——山西省大寨村 …………（ 16 ）
　第一节　山西大寨村简介 …………………………………（ 16 ）
　　一、地理位置 ………………………………………………（ 16 ）
　　二、大寨村与"愚公移山"的传说 ………………………（ 16 ）

  三、大寨村的发展概况 …………………………（ 17 ）
 第二节 大寨村的辉煌 ……………………………（ 18 ）
  一、大寨经济发展的变化 ………………………（ 18 ）
  二、大寨人民生活的变化 ………………………（ 19 ）
  三、大寨村政治、精神文明建设 ………………（ 20 ）
  四、大寨生态环境建设 …………………………（ 21 ）
 第三节 大寨村的"名村影响力" ………………（ 22 ）
  一、陈永贵与昔日大寨 …………………………（ 22 ）
  二、郭凤莲与今日大寨 …………………………（ 25 ）
 第四节 大寨辉煌是如何创造的 …………………（ 28 ）
  一、自力更生、艰苦奋斗 ………………………（ 28 ）
  二、不畏困难、勇于挑战 ………………………（ 28 ）

第三章 市场第一村——上海市九星村 ……………（ 30 ）
 第一节 九星村简介 ………………………………（ 30 ）
  一、九星村村绩与荣誉 …………………………（ 30 ）
  二、上海九星控股（集团）有限公司 …………（ 31 ）
 第二节 九星村发展现状 …………………………（ 31 ）
  一、"三有"新农村 ……………………………（ 32 ）
  二、社会事业发展 ………………………………（ 33 ）
  三、"市场第一村" ……………………………（ 33 ）
 第三节 九星村发展历程 …………………………（ 34 ）
  一、昔日"九星村" ……………………………（ 34 ）
  二、九星村迈出第一步：吴恩福上任 …………（ 35 ）
  三、九星村面临挑战：出路在哪儿 ……………（ 36 ）
  四、九星模式 ……………………………………（ 39 ）
 第四节 九星村发展奇迹的背后 …………………（ 40 ）
  一、九星精神：求实创新 ………………………（ 40 ）
  二、九星环境：和谐安康 ………………………（ 42 ）

第四章　高科技第一村——浙江省花园村 （44）
第一节　浙江花园村简介 （44）
第二节　花园村发展进程 （45）
一、花园村发展演变 （45）
二、村绩与荣誉介绍 （47）
第三节　花园村发展特色 （48）
一、高科技产业发展 （48）
二、花园村新农村建设 （52）
三、花园村文化建设 （54）
四、花园村"十二五"规划 （55）
第四节　花园村发达致富秘诀 （56）
一、以工富农，以工强村 （56）
二、建设与生态并举，打造优美环境 （57）
三、推进文化建设，培育新型农民 （57）
四、加强领导建设，倡导奉献公平 （58）
五、以民为本，为民谋利 （58）

第五章　中国改革第一村——安徽省小岗村 （59）
第一节　小岗村简介 （59）
一、"大包干"与小岗村 （59）
二、当今小岗村 （60）
第二节　小岗村再发展 （61）
一、产业结构调整 （61）
二、旅游事业发展 （62）
三、工业园区建设 （63）
第三节　小岗人的故事：四纸红手印 （64）
一、第一纸红手印：拉开农村改革的序幕 （64）
二、第二纸红手印：二十年终迈富裕坎 （65）
三、第三纸红手印：小岗在改革中发力 （68）
四、第四纸红手印：永远的怀念 （70）

第六章 京郊建筑之乡——韩村河 (73)
第一节 韩村河镇概述 (73)
  一、地理位置 (73)
  二、行政区划 (73)
  三、经济状况 (74)
  四、韩建集团 (75)
第二节 自然特征及自然资源 (76)
  一、自然特征 (76)
  二、自然资源 (77)
第三节 历史沿革 (78)
第四节 著名旅游景点介绍 (78)
  一、上方山国家森林公园 (78)
  二、龙门生态园 (80)
  三、京畿奇境圣水峪 (81)
第五节 韩村河旅游景村 (82)
  一、韩村河旅游景村 (82)
  二、旅游兴村战略 (84)
  三、主要景点介绍 (85)

第七章 生态第一村——浙江省滕头村 (87)
第一节 村庄概述 (87)
第二节 新农村建设成果 (88)
  一、生态环境 (88)
  二、村庄建设 (89)
  三、生态农业 (91)
  四、人民生活 (91)
  五、旅游发展 (92)
  六、世博荣誉 (94)
第三节 滕头村发展致富的秘诀 (95)
  一、坚持生态立村，打下发展的基础 (95)

二、与休闲旅游相结合，发展精品高效农业 …… （96）
三、与村庄建设相结合，建设美丽幸福乡村 …… （98）
四、加强管理营销，着力打响旅游品牌 ………… （98）

第八章　江西第一村——进顺村 ……………………… （100）
　第一节　村情概况 ……………………………………… （100）
　第二节　进顺村发展演变 ……………………………… （101）
　　一、经济发展史 ……………………………………… （101）
　　二、罗玉英——致富路上的领头雁 ………………… （104）
　第三节　进顺村发展特色 ……………………………… （106）
　　一、"323"民生工程 ………………………………… （106）
　　二、"四民主"模式 ………………………………… （108）
　　三、文化生活 ………………………………………… （111）
　第四节　股份制新村的兴起 …………………………… （111）
　　一、"穷窝"里的农民过上小康生活 ………………… （112）
　　二、集体经济走向股份合作制 ……………………… （112）
　　三、村企分开，村民成为股东 ……………………… （114）

第九章　红色文化第一村——河南省南街村 ………… （115）
　第一节　村情简介 ……………………………………… （115）
　　一、村庄简介 ………………………………………… （115）
　　二、经济概况 ………………………………………… （116）
　第二节　历史回顾 ……………………………………… （119）
　第三节　村情特色 ……………………………………… （120）
　第四节　南街村旅游建设 ……………………………… （122）
　　一、高新农业园区 …………………………………… （122）
　　二、居民住宅游览区 ………………………………… （123）
　　三、南街村文化园 …………………………………… （123）
　　四、文化教育游览区 ………………………………… （124）
　　五、广场文化展示区 ………………………………… （124）

六、热带珍奇植物游览区 …………………………（125）
　　七、革命传统教育园区 ……………………………（125）
第十章　因地制宜开发产业第一村——云南省福保村 ……（126）
　第一节　村情概况 ……………………………………（126）
　　一、农村经济 ………………………………………（126）
　　二、基础设施 ………………………………………（128）
　　三、风俗习惯 ………………………………………（129）
　　四、人口卫生 ………………………………………（129）
　第二节　新农村建设成果 ……………………………（130）
　　一、住宅新区建设 …………………………………（131）
　　二、公路改造 ………………………………………（131）
　　三、配套设施建设 …………………………………（132）
　　四、村民福利建设 …………………………………（132）
　第三节　特色产业建设 ………………………………（133）
　　一、"文化福保"富农民 ……………………………（133）
　　二、昆明文化第一村 ………………………………（134）
　　三、福保文化城 ……………………………………（135）
　第三节　文化教育建设 ………………………………（137）
　　一、学习激励制度，增强经济社会发展动力 ……（137）
　　二、文化设施的建设，营造健康文化氛围 ………（138）
　第四节　政治文明建设 ………………………………（139）
　　一、领导班子队伍 …………………………………（139）
　　二、制度建设 ………………………………………（139）
　　三、村务公开 ………………………………………（140）

第一章 天下第一村

——江苏省华西村

第一节 江苏华西村简介

一、华西全貌

作为农民,您一定羡慕过城里人,梦想过穿西装、打领带、开轿车、住洋房的美好生活,希望过上碗里有肉、兜里有钱,票子、房子、车子、孩子、面子样样齐全的生活。走进华西村,您会发现,全部的愿望都可以在这里得到实现,这是一个充满欢乐和幸福的地方,是中国新农村建设的一面鲜艳的旗帜。

华西村位于江苏省江阴市华士镇,是一个被青山绿水环抱的村庄。1996 年,华西村被农业部评为全国大型一档乡镇企业,当时全村共有 380 户,1520 人,面积 0.96 平方公里。从 2001 年以来,华西村和周边的 16 个村一起组成了大华西村,面积由原来的 0.96 平方公里扩大到 30 平方公里,人口由原来的 2000 多人增加到 3 万多人,华西村成了全国农村走共同富裕道路的典型。2004 年,华西村人均工资收入 12.26 万元,同年全国农民人均纯收入 2936 元、城镇居民人均可支配收入 9422 元,华西村的富裕程度是显而易见的。2009 年,华西村入选中国世界纪录协会中国第一村,华西村是中国目前最富有的村子。

走进华西村,你一定会被整洁的村容,干净的乡村环境所震撼,以为自己走进了一片人间天堂。全村的建筑整齐划一,都是统一的红瓦白墙小楼,四周被绿树环抱,从高处望去,就像接受检阅的十字方队。水泥路面干净宽敞,两边绿树成荫,鲜花盛开,不时飘来阵阵幽香,你很难想像这里仅仅是一个村庄,是中国最小的行政单位。

华西人是富裕的,华西人是幸福的,华西人是社会主义新农村建设下新型的农民。华西人这样形容自己:"远看华西像林园,近看华西像公园,细看华西农民生活在幸福的乐园"。现在华西村资产最少的人家也在100万元以上,已经实现了"小有教"、"老有靠"、"房有包"、"病有报"、"购有商"、"玩有场"、"餐有供"、"行有车"的生活。华西人自豪地说:"吃粮不用挑"、"用水不用吊"、"煮饭不用草"、"便桶不用倒"、"洗澡不用烧"、"通讯不用跑"、"冷热不用愁"、"雨天不用伞"。

二、华西村民

华西村村民是富裕的,2010年全村全年实现销售收入500亿元,村民平均年收入超过80000万元。华西家家有存款,最多的人家有500多万元,最少的人家也有50多万元。这里多数人家有小汽车,最少的人家一辆,最多的人家有3辆,在华西村的华西金塔、农家别墅、园林山庄、龙西湖等,到处都能看到农民的小汽车。为方便村民学车,村里还专门设立驾训中心,有3辆教练车,加油站、洗车场、汽配中心、维修中心等一应俱全。

华西村村民是幸福的,他们居住的洋房别墅足以与城里的高楼大厦相媲美。全村现有1000多幢别墅,每户人家居住面积大小差别约为100平方米,居住面积最大的600多平方米,最小的也有400多平方米。每家每户中都有摄像机、等离子彩电、中央空调等各种高档日用品,家家有人出国旅游过。

华西村村民是智慧的,他们富了"口袋",富"脑袋"。华西人说得好："学在手头，不吃苦头。"在华西"当家人"的倡导下，村民们正积极向知识型转变。这几年，华西投入大量资金，与国际关系学院等院校举办工业大专班、纺织大专班、英语大专班、电脑班和普通话培训班等，先后培养各类人才1000多名。同时，还把一些优秀青年村民送到美国、日本等发达国家学习深造。

三、华西干部

华西村取得今天的成就，离不开党中央关于新农村建设的指导和村委领导班子的辛勤付出，这其中贡献最大的要数老书记吴仁宝。在吴仁宝担任华西党委书记的40多年里，认定"人民幸福就是社会主义"，信守"老百姓过上幸福生活是我的最大幸福"，以自己不懈追求和艰苦奋斗，把华西村从一个以农业生产为主的村庄发展成工农商并举、年销售收入达500亿元的"天下第一村"。村上的百姓称他是看得见、摸得着的"三个代表"，全省群众评选他为新时期优秀共产党员标兵。在他的身上，集中体现了共产党员为民造福、共同富裕的理想境界；集中体现了共产党员实事求是、与时俱进的政治品格；集中体现了共产党员艰苦奋斗、无私奉献的崇高精神。

在华西村，吴仁宝如同"圣人"。83岁的吴仁宝个子不高，背有些微驼，走路、说话很快，吃饭也很快。每天天不亮就起床，从早忙到晚。有时候，你能看见他一个人在村里匆匆而过，穿一双黑布鞋，跷起腿来就露出白色的袜子。你向他问好，他对你热情回应。

吴仁宝带领华西村人民共同致富是一个艰辛的过程。1961年吴仁宝成为新组建的华西村书记，与中国由知识分子主导的历次乡村改造不同，吴仁宝出身低微，文化水平不高，但他最清楚农村的困境与农民自身的劣势。吴仁宝最初的目的不过是让农民们吃饱饭，但他并不仅限于对财富的追求。事实上，他所发动的是一项复杂而庞大的乡村改造运动。吴仁宝采用了跳跃式的发展路线，直接跃过了分散个体阶段，将农业生产从小农模式带入规模经营。他认为用集体经济来会聚资源，可以规避农民个体的薄弱与落后。但是，那时他只能通过强制般的积累来获得资本，因为创业之初，是不会有银行给农民提供贷款的。

在吴仁宝的新农村建设中，集体所有制成为农业社会与现代化对接的跳板。他以集体的力量对抗资源的匮乏，规避陌生领域的风险，并由此创造了一个乡村发展的神话。

2001年后，吴仁宝又将他的乡村建设推广到了周边，创造性地发明出"一分五统"（村企分开、经济统一管理、干部统一使用、劳动力在同等条件下统一安排、福利统一发放、村建统一规划）的联合方式，形成了一个35平方公里，人口3.5万，产值450亿元的超级村庄。他的新农村改造之路有了更大的空间。

在华西村流传着这样一句话"千好万好，不如'一分五统'好；爹亲娘亲，不如老书记亲"。在吴仁宝老书记的带领下，村里的领导个个清廉奉公，真心做事，全心全意为村民服务。不仅如此，华西人也形成了强大的凝聚力，听从分配，响应号召，村里只要说开会，哪怕是半夜，人们也会在十五分钟内到齐。华西村的共同富裕制度、足够雄厚的集体经济实力，具有极强的村庄内聚力。

第二节 华西村新农村建设成果

一、精神文明建设

物质上富裕起来的华西人时刻不忘精神文明建设。"吴仁宝说，"艰苦奋斗、团结奋斗、服从分配、实绩到位"的华西精神是华西人的立业之根、创业之本、兴业之宝，"精神文明"是华西村共同富裕的保证。良好的精神文明建设，使华西村人以及到华西村旅游观光的客人都能深刻地体会到，在华西村的每一个角落，人们都不知不觉地沐浴着文明的春风。

1989年，华西村成立了精神文明开发公司。吴仁宝说：从表面上看,精神文明开发公司不产生经济效益,实际上公司所产生的效果是无法用经济来衡量的。全村人整体素质提高了,社会安定团结了,村风民风变好了,凝聚力增强了,这就是华西村的无形资产。

华西村还成立了艺术团,吴仁宝亲自担任艺术团团长。10年来,艺术团共创作数百个节目,演出数千场,观众超千万人次,成为华西思想教育的手段、陶冶情操的创举和净化灵魂的熔炉。在华西村没有迷信赌博的、没有上访告状的、更没有重大刑事犯罪的,精神文明建设成果显著。总结华西村精神文明建设的经验,重点在于他们重实质不重模式,较好地做到了四个方面的结合:

(一)新与旧的结合

华西金塔的形式是旧的,但华西人在旧形式下建造了中国独有的金顶宾馆,它不但是为华西村每年带来上百万元利润,还显示出华西人步步向上、欣欣向荣的豪迈精神。在华西村,锡剧、沪剧、评弹、黄梅戏是传统的艺术形式,华西村艺术团利用这些传统形式改编创作了《华西的桥》、《唱华西》等曲目,歌唱华西的好人好事,赞美村子的巨大变化,充分显示了华西人建设家乡的自豪感和自信心。

(二)物质鼓励与精神激励的结合

在华西村,会奖励那些对本村建设有贡献的人,并对外地人才来华西村创业提供优惠。为鼓励华西人养成孝敬长辈、尊老爱幼的美德,华西村对每一户出现老寿星的家庭都给以重奖。这里每周有一次村民大会,通过村民大会使村民了解村里经济、教育等方面的情况,从精神上增加村民对本村经济发展的自信心。华西村村民是先进的农民,他们懂得利用现代媒体扩大村庄的影响力,并反过来以这种影响教育村民。华西村还把自己的村名和吴仁宝的名字作为产品品牌,其目的是自加压力,鞭策华西人只能搞好,不能搞坏。

(三)宣教内容与村民水平的结合

针对村民的知识水平和理解能力,华西村的精神文明建设主要宣教内容和村民水平相结合,把教育的内容与村民们耳熟能详的传说、故事结合起来,旧话新解,赋予其以全新的意义。比如,团结协作精神的意义不大为村民重视,村里则利用西游记的塑像告诉人们,只有同心同德,群策群力,才能克服困难,早成正果。又比如,搞好计划生育,禁止偷盗、砍伐山林的宣传,大多数村庄选择写标语口号,而华西村,则是写下巨幅语录牌,老书记吴仁宝的语录与总书记江泽民的语录并排矗立,告诫干部们既要与党中央保持一致,又要与人民群众保持一致;劝说人们,家有黄金万两,一日不过三餐,住房再豪华,也只睡一个人的位置。这些独有的教育方式使村民可以在潜移默化中受到教育。

(四) 严肃紧张与生动活泼的结合

在华西村,违反规定的人会受到严厉的惩罚,绝不留情。在重罚之下,人们做事才会有所顾忌,才能给人们呈现一个卫生、整洁、安全、有序的华西村。但在另一方面,华西村又是轻松的。入夜,华西金塔下音乐悠扬,小吃飘香,许多外地的打工哥、打工妹聚集在这里说笑、散步,呈现出一派祥和的气氛。华西村在提高物质文明水平的同时,也致力于提高精神文明的水平。在内容上,他们重点抓了理想信念和社会公德教育。在方式方法上,他们采取了循序渐进、潜移默化的步骤。从效果看,他们的经验是较为可行的。前国家政协主席李瑞环在考察了华西村后说,华西村是亦土亦洋,亦城亦乡。这一评价,准确地把握了华西村向社会主义现代化新农村进化的趋势。

二、物质文明建设

(一) 村庄面貌

去过华西村的人,都无法忘记华西村的美,整个村庄面貌给人留下难以磨灭的印象。许多人说,上有天堂,下有苏杭,而华西村就是这个"天堂"里一颗璀璨的"明珠"。华西村在发展经济的同时,也同样进行着村庄面貌的建设。

20世纪80年代以前,华西村村口广场有一条东方巨龙,这是当时华西村最令人瞩目的标志性建筑。以龙为中心,华西村的各种产业分布在它的周围。西面是工业区,东面是居民生活区,南面是华西的农业区。

20世纪80年代以后，华西村建设了村里的两大风景：农民公园和彩绘长廊。农民公园的建设风格是把苏州园林小巧精致巧妙地融入在质朴的自然风光之中，体现了淳朴的乡村文明。彩绘长廊更是壮观，它四通八达，连接华西村的各个地方。

现在的华西村，有公园、农业观赏园等几十个旅游景点，每年到这里旅游的不下125万人次。这里有曲池碧水，蜿蜒无尽；有廊桥飞架，波光月影；有山水相映，绿荫青坡。村里树木成林，奇花异草，鲜花吐艳，小桥流水人家，充满了江南水乡优美的韵味。站在高处看华西村整体，其中心区的整体建筑布局，就像是接受检阅的部队那样整齐划一。华西金塔是部队的将领，一个个的别墅群就是一个个方块队。

在华西走上一圈，你可以看见，田地成方，树木成行；田野上，有稻花飘香，绿柳随风摆动，就像跳起婀娜多姿的舞蹈欢迎来往行人；河水哗哗流淌，就像唱起欢乐的农家歌谣。居住区，红瓦白墙的小楼整齐划一，一眼望不到边际；工业区，厂房林立，在这里生产的产品广销世界各地。商业区，各种商品琳琅满目，应有尽有。村里还建有宾馆、医院、学校、影剧院、展览馆、溜冰场、银行。

（二）人民生活

华西原本是个江南小村，但华西人始终坚持社会主义原则，努力发扬"艰苦奋斗，团结奋斗，服从分配，实绩到位"的华西精神，走共同富裕之路，使华西人民生活发生了翻天覆地的变化。

教育方面。过去华西村绝大部分村民是文盲，小学毕业已是村里的"文化人"。现在的华西村，初中以上文化水平的村民占总数的86%，其中大、中专生200余人，还有3名青年曾出国留学。通过对人才的引进和培养，华西村现有中、高级工程技术人员1000多人。村领导班子里大学毕业生有18名，还培养了英语、日语、俄语、德语等六种语言的翻译人才。

居住环境方面。过去，大华西村是12个小村落，村民住的都是茅草房、矮房。现在,户户住上了水、电、气配套的别墅楼。村内娱乐、休闲、体育、购物、旅游设施配套齐全,已是一个万人规模的小城镇。这里曾迎来了江泽民、李鹏等党和国家领导人多次来视察。

福利方面。小有教:孩子从幼儿园到中学全部免费;老有靠:男性55岁、女性50岁,每人每年可领6000—10000元的退休养老金;住有房:所有村民住的别墅全部由村里统一分配安排;病有医:看病不出钱,大病小病费用一律报销;玩有场:卫星电视、电影院、几大主题公园设备齐全,免费享用;餐有供:各类档次的饭店餐厅有序分布全村;行有车:村里为每个家庭配置1—2辆轿车。

华西村的老人是幸福的,赡养老人的子女也是受益者。村里规定,女的年满50岁,男的年满55岁除退休养老金外,还有保养金。家里有老人活到100岁,其子孙每人可获得村里奖励1万元。

现在的华西村村民,已经很难在他们身上找到传统农民的痕迹。他们穿着时尚,家家有轿车、洋房。假期时节,他们还可以出门旅游,每逢过节,村里组织大型庆典活动,增添人民的生活乐趣。华西人民幸福,华西人民真幸福!

(三)生态环境

亲身走进华西村,你就会感觉到,华西村的生态环境建设是成功的,堪称全国的楷模。整个村子空气新鲜、绿树成荫、河水清澈,看不见多余的垃圾,更看不见牛羊的粪便,完全像一个清洁干净的小城镇。目前,华西村的河道清澈,空气清新,生态林里有数万只珍稀鸟类栖息,成群结队的中外游客徜徉在绿树成荫的农庄里,绿水青山成了华西村的金山银山。

华西村生态文明建设成果显著,成为全国首家通过ISO14001环境管理体系认证的村庄。但是,他们并没有停止生态文明建设的步伐,2011年又确立了奋力争创国家级生态村的新目标:投资5000多万元,全面实施"企业净化、河水清化、村庄美化、环境绿化、居住生态化"系列工程,全面提升生态品位。这些工程主要包括以下几个方面。

(1) 发展循环经济，延长产业链。为了实现由"又快又好"发展向"又好又快"发展转变，华西村积极进行产业结构调整，着力发展循环经济、生态经济，先后创立了原料运输零费用、废物吃干用尽等20多种循环经济模式，一年节能降耗、增收节支效益超过亿元。目前，华西村已实现了"三废"资源化梯级利用。形成了上档次、上规模、产业成链的新格局。华西钢铁公司仅环保投资就达1亿多元，烟气、扬尘点均有除尘设备，生产废水经处理后循环使用，并实现了废水"零污染排放"。华西村还成功探索了一条废酸综合利用新途径。投资5000万元建成了日处理600吨的废酸处理综合利用中心，每年约有12万吨废酸变成再生酸。

(2) 优化产业规划，实现集约发展。为解决部分工业企业分散、难以治理的问题，华西村从优化产业规划入手，将分散的150多家工业企业向私营工业集中区内聚拢，在工业区内实现了集中供气，产生的工业废水统一纳入污水处理厂集中处理，实现了工业企业的集约化发展。2008年5月，华西村又对这一集中区的污水处理厂实施了提标升级改造工程，使工业废水排放标准由原来的一级标准提高到了一级A类标准，年可削减化学需氧量排放量70吨。

在华西村中心区域，有一座日处理能力为5000吨的生活污水集中处理工程，新建的生活污水处理站主要负责接纳处理居民生活污水，处理后出水水质满足回用标准，可作为工业用水、生活杂用水等。

(3) 既要生活小康，又要心情舒畅。华西村不断加快城镇化建设步伐，大规模开展了以美化、绿化、净化为重点的生态环境建设，建成了"远看像林园、近看像公园、细看是农民生活幸福乐园"的生态美化体系。现在的华西村，不但经济发展，而且环境优美，村里建成了由高产农田、苗圃基地、粮油基地、休闲廊架、百花牡丹园、百果生态园、百树生态园、智能化展示大棚等组成的"万亩农林科技示范园区"，成为既是以"粮、果、树、渔"汇聚的现代高科技农业区，又是一个四季飘香的生态旅游观光园。这个昔日的小村庄，已成为每月都有鲜花盛开，季季都有水果飘香的"天然氧吧"。

第三节 华西村发展特色

一、山南"钱庄"

华西村的南面是工业区,这里的龙头是华西集团。华西集团以钢铁、纺织、旅游为三大支柱产业,拥有固定资产70多亿元,包括大小企业共50多家,其中有8家上市公司。

华西集团的主导产业是钢铁,其生产各种类型的钢材,线材、板材、管材,特钢、宽带钢、扁钢,应有尽有。其中华西村的"热带钢"生产线是华东地区的王牌产业,另外还有多种产品是制造卫星的重要材料。

华西集团除了钢铁产业,"诚信储运"又是一大经济亮点,不但如此,毛纺、服装、化纤、烟酒、建筑、房产、外贸等产品,在同行业也享有较高的美誉度和信誉度。华西村的旅游业,连续4年居"全国百强"之列。华西人有敏锐的市场直觉,在"华西村"这块金字招牌的影响下,他们不断引进具有真才实学的人才,敢于创新,不惜成本引进先进技术。华西人自豪地说:"在华西,没有办不成的企业,没有不赚钱的产品。"

"十一五"期间,华西村的"钱庄"取得了丰厚的成功,华西人把"钱袋子"填得满满的,他们实现了"5个五":即2010年实现销售500亿元,幸福富裕5万农民,5年内花5亿元到外省、外市合作搞5个旅游景点,建成一座50万平方米的物流"商贸城",接待国内外游客500万人次,迎接建村50周年。华西人准备在"十二五"期间,卯足干劲,实现更远大的目标。

二、山北"粮仓"

今日华西村加快农业发展步伐,将高科技应用于农业生产之中,全心致力于开发现代高效农业。

村里建设了许多农业瓜果园艺中心，每个园艺中心都是近万米的园艺棚，棚内环境优美，气候温暖如春，各种瓜果蔬菜品种齐全，琳琅满目。这里生长的南瓜，个头很大，最大可以长到100公斤；华西村还引进了以色列西红柿树，这种西红柿产量大，仅一棵就可以收获500公斤；这里还种植彩色辣椒，一颗辣椒树上可以生长出不同颜色的辣椒，不同的颜色争奇斗艳，非常美丽；园艺棚内种植的"水果黄瓜"一公斤可以卖到50元。华西村有一个园艺中心叫做"南国果园"区，里面种植的是各种各样的水果，走到里面，可以看到火龙果、柠檬、芒果、番木瓜等品种，花香果郁，令人陶醉。

目前华西村准备扩大生态农业的规模，正在筹建"百树园"、"百果园"、"百花园"以及优质粮油基地、水生蔬菜、特色水产、鸡、牛、猪等养殖场。华西村整个龙山之北，目前已全部被纳入新华西"粮仓"发展规划之中，总面积达1.2万亩，总投资5.2亿元。这里是华西村的又一巨大的经济亮点，具有现代理念和旅游观光休闲相结合的华西村生态农业，将为华西村的进一步发展增光添彩。

三、中间"天堂"

（一）华西村的特色景点

华西村在景点建设上，其景点的设计理念都体现了"社会主义新农村"这个中心。现在，华西村的各个景点，都形成了自身的特色。像华西村的龙西湖，是用人工挖掘的，占地500亩，还有"桥文化"以及塔群、钟王、隧道、民族宫、天安门、山海关、百米金塔、千米巨龙、万米长廊、万米长城等80多个景点，都显示了一个社会主义新农村的自身特色。其中"钟王"体现了人们的美好愿望，当你亲手敲响148吨重的世界第一"钟王"时，"敲钟一声，心想事成；敲两声，财源茂盛；多敲声声，光明前程"。农民公园的"世界图"景点，服务对象主要是农民兄弟和工作忙不能出国的工作人士，有吃有住，一天能走几个国家，人们可以在这里利用最短的时间了解异国风情。同时，华西村的餐饮文化，更是体现了质朴的农家特色。华西金塔的金塔宾馆享有"中华餐饮名店"称号，而且还有4个"中华名小吃"，在这里可以吃到全国各地的具有农家特色的小吃。2002年6月，华西村组织当地农民参加了马来西亚举行的"中国烹饪世界大赛"，在这次比赛中华西村获得了团体金奖和4块单项金牌。2003年，在华西村举办的首届"中国民间民族美食节"十分成功，累积游客超过10万人次。不仅如此，村内还有星级宾馆、总统套房、塔群宾馆、园林山庄等接待中心；适合不同的人群消费，可同时安排3000多名游客食宿。

（二）新农村自身发展特色

华西村最大的特色就是发展旅游业，目前华西村已经形成颇具规模、具有农家特色的旅游产业，先后被国内外各界人士赞誉为"华西旅游城"、"天下第一村"。华西村的旅游项目已从过去的"农业游"，发展到现在的"工业游"、"田园游"、"农家游"等多个项目。国内外的游客到华西村，都说华西村有得看。一是看华西村的发展；二是看华西村的"两手抓"；三是看华西村的"三农"；四是看华西村的"四制"（体制、机制、班子、村子）。同时，华西村也成了一个教育基地，现已成为"江苏省爱国主义教育基地"、"无锡市爱国主义教育基地示范点"、"全国十大农业旅游示范点"。另外，华西村交通便捷，"沿江高速"穿村而过，东到张家港13公里，到上海110公里；西到常州47公里，到南京180公里；南到无锡40公里，离江阴码头25公里。这样，游客在华西村参观考察的同时还可以看到中国最美丽的地方"宁、沪、杭"，又可以看到天下最有名的地方"苏、锡、扬"等！

第四节 华西村发展致富秘诀

一、卓有成效的精神文明建设

精神文明建设是物质文明建设的基础，党的十六届五中全会指出社会主义新农村建设的二十字方针,其中一条就是"乡风文明",华西村的发展就可以证明精神文明建设的重要性。华西村已连续10年被评为"江苏省文明单位",并先后荣获全国乡镇企业思想政治工作先进单位、全国乡镇企业先进企业、全国模范村民委员会、全国先进基层党组织、全国文化典范村示范点等一系列荣誉称号,精神文明建设成果显著。

首先是思想教育好,方针政策明。华西村在发展过程中始终坚持既富"口袋",又富"脑袋"的发展思想,村里利用村党校、广播、电视、文艺节目等等多种形式,结合村民熟悉的传说、故事,把党的方针政策传达给每一个村民,通过文明户创建活动,积极引导村民健康、文明的生活方式。

其次是社会秩序稳,民主法制全。华西村采取多种多样的教育手段,向每个村民宣传法律法规,增强村民的学法、守法、用法意识。村里建有村民调整领导小组,充实了联防队和各单位的内保人员,落实了社会治安综合治理工作责任制。目前,华西村正全面开展安全生产、文明生产、有效生产活动,使华西集团在获得经济利益的同时,保证安全生产。

最后,科教文卫全,活动阵地多。华西村重视教育,开展了教育促小康活动,创办了华西村幼儿园,完善了华西小学,与国际关系学院联合创办了英语大专班,积极鼓励支持村民学外语。同时,村里还选派30名村民到中央党校接受深造,开了农民进中央党校学习的先河。文体工程建设方面,村里有自己的图书馆、民族宫、广场、文化活动室、篮球场、健身房娱乐设施,可以供村民在茶余饭后锻炼身体,丰富文化生活。

二、乐于奉献的领导班子队伍

华西之所以能建设成"天下第一村",与华西村领导班子的辛苦奉献是分不开的。一直以来,华西村坚持把"内部建设好",使领导班子成为华西村一个攻不破的堡垒。中央强调"立党为公,执政为民",华西讲"有福民享,有难官当,全心全意为人民服务"。

村党委一班人始终做到以身作则,乐于奉献。村党委老书记吴仁宝同志,将近几年来的奖金,累计5000多万元全部交给村集体。

三、科学合理的人才聘用制度

华西村在人才任用方面真正做到了举贤不避亲,举亲不避嫌。近几年,华西村不仅吸引了2000多名大中专毕业生,而且还吸收了600多名新村民。一些原在华西务工的人今天也进入了村党支部班子,就是因为华西在用人方面坚持一视同仁,不分内外,人尽其才的原则。

四、灵活有效的管理制度体系

首先,经营要广开门路。华西人充分认识到企业发展不是一帆风顺的,总会遇到各种各样的困难。华西村的发展始终坚持"多元发展,多品取胜",华西的企业,广开门路,从事不同的行业,使得整个华西企业具有较强的风险能力,能面对各种各样的危机和问题。

其次,管理形式多样。华西村发展始终坚持具有自身特色,不搞统一经营,适合统一就统一,适合分开就分开,适合合作就合作。华西村实行村政和企业分开,村归村,企归企,这种有效的管理体制促进了华西村的健康发展。

最后,制度保持稳定。这么多年来,华西村的制度总体上可以说没有多变,但也可以说是年年在变。华西的变,体现了与时俱进,不是变坏而是变好,变得对国家、对集体、对群众更有利,变得更科学、更合理、更规范。

五、完善严肃的规划保障制度

规划是发展的先行,发展必须要有科学的规划。华西村的发展始终坚持在发展之前首先制定规划,按照规划循序渐进、有理有序地发展。

首先,制定的计划切实可行。从华西村的发展过程中可以看到,在各个不同的阶段,华西村都能完成和超额完成所制定的发展计划。这是因为华西村总是从村子发展的实际情况出发,制定切实可行的发展规划,既不违背中央各级政府的组织策略,有能满足老百姓实实在在的需求,一切从实际出发,谋求发展。

其次,完成计划坚定果断。定了计划,不去完成,不仅失去了计划的意义,还会失去群众对干部的信任。当然,遇到困难,也要符合实际,进行适当调整。

第二章 名村影响力第一村

——山西省大寨村

第一节 山西大寨村简介

一、地理位置

提起大寨村,想必很多人都不陌生,在20世纪的六七十年代,"农业学大寨,工业学大庆"的口号曾响彻中华大地。那时的大寨是全国学习的榜样,大寨村的精神是中国农村建设的楷模,大寨村被称为"华夏第一村"。

大寨村,位于山西省昔阳县中部,西北与武家坪村相连,东与金石坡村接壤,东南与大南山、井沟村毗邻,南与三都乡郭家庄、洪水乡长胜岭等村交界。大寨村总面积2.034平方公里,全村200多户人家,500多口人,耕地面积760多亩。大寨为昔阳县大寨乡政府驻地,是大寨乡的政治、经济、文化中心,207国道在大寨西北1.5公里的留庄村口与大寨旅游路相接,交通十分便利。

二、大寨村与"愚公移山"的传说

按照中国古典名著《列子》的说法,太行山原在今天河北省的南部,与它并排着的还有一座王屋山。相传很久以前在山北住着一位叫愚公的老人,见两座大山挡住了他家的出路,便率领他的儿子和孙子要把这两座大山搬走。有个叫智叟的人看到他的这种行为,感到不可思议,就对他讲:这两座山太大了,你怎么能搬得走呢?愚公回答说:你这人怎么这么糊涂!你难道不知道,我死了以后有我的儿子,儿子死了又有孙子,子子孙孙是没有穷尽的,而山不会再增长,搬一点就会少一点,为什么搬不走呢?于是,愚公一家老小每天挖山不止。后来这件事感动了"天帝",他派了两个神仙把两座大山给背走了。太行山这才被移到了今天河北、山西两省交界的地方。

《列子》一书讲述的很多故事属寓言性质。寓言主要用来说明道理,故事本身却不可以太当真。大寨村,就位于愚公当年曾试图迁移过的太行山的深处。而大寨人所做的事情,竟真的与愚公移山相似。经过大寨几代人坚持不懈的努力,终于把曾经偏僻、贫困的小山村建设成今天的"华夏第一村"。

三、大寨村的发展概况

昔日的大寨地处太行山土石山区,常年的风蚀水切,使得土地十分贫瘠,到处是七沟八梁一面坡。大寨村的旁边就是虎头山,村子就座落在虎头山下,层层土地在山坡上挂着,"山高石头多,出门就爬坡,地无三亩平,年年灾情多"就是昔日大寨村的真实写照。这里很难生长庄稼,只要连续三天没有下雨,地里的庄稼就会变黄,但是如果下一场急雨又会把地里的庄稼全部冲没了。农民辛辛苦苦劳动一年,最后得到的还是饥饿。

在农业合作化时期,党支部书记陈永贵以及村里的一班领导,带领广大的群众们,依靠集体的力量,战天斗地,改变了大寨村穷山恶水的状态。他们制定十年造地规划,带领全村的男女老少,凭着一双手、两个肩膀、一把镢头、两个箩筐不分昼夜地苦干,把沟沟壑壑变成了良田,把陡峭的山坡变成了梯田。

1963年,洪涝灾害给大寨村造成了沉重的打击,地冲没了,房子冲倒了,村民的生活陷入了极度困难的阶段。但是,大寨人即使在这样艰苦的环境下,依然保持着自力更生、艰苦奋斗的作风。他们拒绝了上级领导送来的钱、粮、物资,还提出了"三不要、三不少"的口号:"不要国家钱、粮、物资,交售国家粮食不能少、群众分红不能少、社员口粮不能少"。花费了五年的时间,从新建立了一个美好的家园。

大寨村的艰苦创业精神感动了全国人民,也受到了中央领导的表彰,1964年毛泽东主席向全国发出了农业学大寨的号召,一时间大寨村成了全国人民学习的楷模。如今的大寨村是中国十大名村之一,是全国农村建设的楷模。这里党风好,民风正,无邪恶、邪教,一派欣欣向荣的景象。大寨村曾获得过多项荣誉,1995年1月,被山西省委、省政府命名为"山西省爱国主义教育基地";1996年7月1日中共中央组织部命名大寨村党支部为"全国先进基层党组织",同年6月6日,中共山西省委命名其为"先进基层党组织、红旗基层党组织";1999年9月,大寨村又被中央精神文明建设委员会命名为"全国创建文明村镇工作先进单位";2001年7月1日被中央组织部命名为"先进基层党总支"。

第二节 大寨村的辉煌

大寨,一个太行山腹地的小山村,曾名扬世界长达20年之久。从20世纪60年代起,"农业学大寨"的标语曾遍布大江南北,"大寨红花遍地开"的歌声曾响彻长城内外,大寨,一时成为中国农村的希望与象征。如今,大寨人转变思想观念,因地制宜发展生产,摇身一变成为社会主义新农村建设的楷模,大寨创造了属于自己的辉煌。

一、大寨经济发展的变化

改革开放以前,大寨的支柱产业就是农业,所有的经济来源就是村里的800多亩土地,经济结构单一使得大寨村从新步入了贫困村的行列。十一届三中全会给大寨人民送来了新的思想，大寨人不再徘徊、观望、犹豫，他们实实在在地采取了行动。1992年，村里建起了大寨经济开发总公司。总公司下辖8个企业，分别从事羊毛衫、制衣等多项经营。公司从业人员共有900多人，固定资产1000多万元。与此同时，大寨还建成了大寨中策水泥厂、大寨酒厂、核桃露饮品厂等多家公司。到了2006年，大寨经济总收入达1.2亿元，人均收入6000元，经济收入比1980年增长560倍，人均收入增长32倍。在市场经济浪潮的推动下，大寨村的经济结构得到了全面的调整和重构，大寨村的企业从村办小作坊演变成了规模化、专业化、品牌化发展的大企业；大寨村的人民从只会种地的农民变成了工人、技术员、管理员、营销员。如今的"大寨"两个字已经成为了商业品牌，挂着"大寨"牌子的商品如今已有30多种，产品纷纷走出村子，行销省内外和全国各地。

如今的大寨从单纯农业转向了多元发展，形成了旅游、煤炭、酿酒、农产品加工等8个支柱产业。2008年，大寨经济总收入3亿元，人均收入10000元；经济收入比1980年增长1400倍，人均收入增长54倍，大寨村的经济快速发展，给大寨人民带来了幸福的生活。

二、大寨人民生活的变化

大寨创造性地发展集体经济，实行了五统一，即：统一实施新品种试验和新技术推广；统一购买种子、化肥；统一实施机耕、机播、秸秆还田；统一实施水利灌溉和水利实施的应用；统一规划农田基本建设。由于强化了集体统一经营职能，农民的负担减轻了，90%的劳动力从事了工、副业，农民的收入不断增加，从1988年人均180元上升到2001年的3910元，收入的增加带来了大寨人民生活各方面的变迁。

（1）住房的变迁：采取个人建房、集体补助的办法，即如果房屋总造价为7万元人民币，农户出资5万元，集体补偿2万元，整地、规划、设计、水、电、路设施全由集体解决。这样，人民的居住情况有了很大的改变。村里已建起新式别墅54幢，建筑面积在

180平方米至220平方米不等,集体补助建筑总投资50%,1/3的村民住进了楼房。如今的大寨,已是"房子新化,街道硬化,环境美化"。

(2)膳食的变迁:大寨人当年吃的是"野菜、谷糠、玉米糊,一年人均三两油",也就是五六十年代大家说的,三百六吃不饱肚,丈八布露着肉的生活。现在的大寨人吃的是白面、大米、鲜菜、肉类,过年过节六冷八热,与城里人的生活无任何区别。

(3)衣装的变迁:当年大寨人穿的是土布、麻衣,补了又补,钉了又钉。冬无棉,夏无单。现在的大寨人四季衣服齐全,形状、花色与城里人一样。

(4)家用器具的变迁:当年的大寨人住的是大窑洞,睡的是炕头,除了劳动用的工具再无家具摆设。现在的大寨人电视机、音响、电冰箱、洗衣机、电话样样都有,摩托70多辆,还有汽车、拖拉机等,一切都方便了。

大寨村最鲜明的特色就是集体经济,村民能够时刻感受到集体的温暖。现在的农民生活实现了"三有三不"。"三有"是:小有教(从幼儿到小学免费上学);老有靠(实行了养老保险金制度,60岁以上的老年人每月可领到60元,70岁以上的月领100元,参加过抗日战争、解放战争、抗美援朝三战的月领120元);考有奖(凡考入大学、大专、中专的学生集体年发给奖学金,本科大学生年1000元;专科大学生年800元;中专生年500元)。"三不"是:吃水不用吊,自来水已经通到了每家每户;运输不用挑,汽车、拖拉机等运输工具十分方便;看病不用跑,村办医疗保健站可以服务上门。

三、大寨村政治、精神文明建设

大寨村在努力发展经济建设的同时,并没有忘记加强政治和精神文明建设。在大寨村领导班子的教育和带领下,大寨村村民勤劳勇敢,民风质朴,邻里和睦,尊老爱幼,互助团结。邻里之间很少吵架,一家有事大家都会过来帮忙,家庭之间和睦相处,每个人都尊老爱幼，营造了一个乐意融融的大寨村。村民休闲时节还可以出来活动，村里的活动场所也十分齐全，有图书馆，供村民阅览图书；有健身广场，让村民空闲的时候过来锻炼身体；还有农家饭店、农家旅店和农家商店，人来人往车水马龙，处处可以体现大寨精神文明建设。

大寨村有党员干部33名，干群关系和谐，党支部、村委会分工合作，各司其职。村里的党支部在落实"三个代表"的同时，提出大寨村领导应该树立"三个形象"，即：每个党员干部要树立中国人的形象，中国共产党员形象，大寨人的形象。大寨村的领导班子继续发扬艰苦奋斗、自力更生的精神，每个人都为大寨村的建设想办法、献良策，为大寨村的建设共同出力，党支部还提倡大寨村领导每年至少为群众办一至两件大事、好事。大寨的财务、计划是公开的，支部村委会定期公布财务用款情况和工程完成情况，做到大寨事大家办，大家办能办好。

四、大寨生态环境建设

在以前，土地是大寨村村民的根本，他们以土地为生，惜地如金。十年造地计划，他们把山坡开垦成了梯田，严重破坏了自然环境。1963年的特大洪水，使大寨人民认识到只有植树造林，才能巩固农田。由此他们开始第一次造林高潮。

大寨第二次造林是在1977年，这一次他们因山造林，依地种树，培育以苹果、桃、葡萄、核桃、红枣为主的经济林，虎头山上郁郁葱葱地绿起来了。

1992年，大寨人又一次改造虎头山。这一次他们开展了园林绿化建设。到1998年，全村有林地面积达到1320亩，成林面积800亩，森林覆盖率达43.3%，大寨森林公园初具规模，成为游人到大寨旅游参观的重要景点。

大寨相继开发了民族团结林、知青林、军民池、周恩来休息厅、支农池、联建池、陈永贵墓地、老英雄墓地、郭沫若诗碑、孙谦纪念地、大寨展览馆、陈永贵雕像、团结沟渡槽、大寨文化广场、大寨文化展示馆、大寨梯田〈狼窝掌〉、大寨生态园,开放了陈永贵故居、大柳树、火车皮式窑洞、大寨新居、周恩来住址等旅游景点,为大寨增色不少。

第三节 大寨村的"名村影响力"

一、陈永贵与昔日大寨

讲到大寨,就不得不谈及起陈永贵,大寨正因为有了陈永贵,才使得这样一个名不见经传的小村庄一时间红遍大江南北,陈永贵可以说是一个传奇人物。

1952年,陈永贵接替"主动让贤"的原村支书贾进才出任大寨村的支部书记,在环境非常恶劣的的大寨村,他带领农民艰苦创业,从山下用扁担挑土上山造田,改善了当地人民的生活。陈永贵的带领大寨人,充分发展自力更生,艰苦创业的精神,把大寨变成了全国学习的楷模。

(一)十年造地计划

1952年,陈永贵36岁,经第一任党支部书记贾进才三次让贤,他担任了大寨村党支部书记。陈永贵不识字,但是他当选党支部书记的第一件事就是想办法让这穷山沟多打点粮食,让村民吃饱饭。

要粮食就要有土地,可大寨的土地在哪里?转遍了七沟八梁的陈永贵与支部一班人合计了许久,在大柳树下宣布了一个宏大的规划:十年造地。治坡修地,"一年不行,两年,两年不行五年,五年不行十年,一辈子不行,还有子孙!"大柳树下的陈永贵传承了愚公移山的豪迈气概。

(二)首战白驼沟

陈永贵造地的第一个地点选在了大寨村的白驼沟。这个沟500多米长,十几米宽,怪石嶙峋,荆棘密布。陈永贵与村领导观察了地形,决定采取"大兵团"的作战方法。这个所谓的"大兵团"

并不大,就是全村的男劳力58人。当时村里老人很困惑。他们想:大寨人一代一代都是靠天吃饭的,千百年来这沟就这个模样,现在要把白驼沟变个样,真的可以做到吗?

1953年冬,陈永贵的造田计划正式实施了,当时村里人的热情很高,连70多岁的老汉都出来帮忙。他们没有炸药,更没有现在的挖掘机械,就靠着镢头、铁锨、钢钎、大锤,硬是把石头移开了,把荆条铲平了,铺平了荒地,修筑出来了著名的大寨梯田。

58个劳动力,满怀着激情,起早贪黑地干,原计划用两个月完成的工作,他们只用了48天,这48天大寨人造出了5亩地。虽然只有5亩地,却鼓舞了全体的大寨人民,因为这是他们向自然环境挑战的第一仗,这表明大寨人完全可以通过自己的努力改变自己的生活。完工当夜,落尽树叶的大柳树下,全村人敲锣打鼓,欢庆胜利,赞扬党支部领导有方。

1955年,国家制定了第一个五年计划,提出要开荒3868万亩。陈永贵等大寨村的领导认为大寨村应该实行一个更大的"作战计划"。

(三)三战狼窝掌

这个"作战计划"就是大寨的传奇——治理狼窝掌。狼窝掌沟一千五六百米长,十三四米宽,落差二百多米。山高坡陡、地形险恶、乱石遍地、荒草没腰、野狼乱窜、洪灾不断,给大寨人造成的灾难最大;然而因为它面积大,如果能够改造出来,给大寨提供的粮田也将会最多。

1956年冬天,大寨的58人"大军团"用镢头、扁担、荆条筐,劈山开石、担土造田。一个冬天就造出来20亩梯田。狼窝掌沟变成了梯田,一些老人哭了,因为他们感动了,他们也从来没有见过这么好的梯田。

春天到了,人们欢欢喜喜地在狼窝掌中上了庄稼,看着种子破土而出慢慢地变成小苗,全体大寨人们都期待着一场大丰收。但是,天有不测风云,盛夏,一场瓢泼大雨冲掉了人们的一切希望,不但所有的庄稼都被雨水冲走了,20亩田地也荡然无存了。

陈永贵并没有被这个挫折打倒,他想如果不干,以前所做的一切就白费了,接着干还会有盼头。他像司令员下命令一样,做下了二战狼窝掌的决定。

这次他们总结教训,加高了梯田的高度,并且把第一层做得十分牢固。又花了三个月,梯田恢复了从前的面貌。春天到来的时候,人们又开开心心地播种,满心期待这一个丰收年。但是,令人伤心的是,初夏的一场暴雨又冲走了大寨人的希望,狼窝掌的梯田再一次在雨水咆哮中翻江倒海。这一次,陈永贵有些绝望了,他就像是大病了一场,全然没有了精神。那时任昔阳县委书记的是张怀英,他得知此事,来到陈永贵的家,进门就喊:"你给我起来,万里长征那么艰苦都走过来了,修的坝冲了,这算什么!"这话如同灵丹妙药,话音未落,陈永贵一骨碌爬起来:"张书记,我还要接着干!"这年冬天,大寨人第三次与狼窝掌战斗。仅仅用了20天,狼窝掌的梯田再一次出现在人们的面前,至此,狼窝掌,这条最凶暴的山沟到底被制服了!

从1953年到1962年,从初战白驼沟到三战狼窝掌,大寨人劈山填沟,把300亩坡地变成了可以种庄稼的梯田,粮食产量得到了大幅度的提高,大寨村当时粮食平均每亩地可以产385公斤,有的梯田亩产量竟然超过500公斤,这个产量比当时一些江南土地的产量还要高。在中国农业最困难的三年自然灾害期间,大寨不仅没有人挨饿,反而每人向国家上交余粮400多公斤。毛泽东从大寨看到了解决中国粮食问题的曙光。

(四)"三不要三不少"

1963年,大寨遭受了一场毁灭性的洪涝灾害,山流、地冲、房倒、窑塌,群众生活十分困难,十年心血付之东流。灾后上级领导慰问大寨人,并送来了钱、粮、物资,大寨人没有收下,给国家退回去了,并说:"遭灾地方很多,如果都依靠国家救济,国家的钱财从哪来呢?"此时党支部书记陈永贵当即提出了"三不要三不少"的口号:"不要国家的钱"、"不要国家的粮"、"不要国家的物资",但是"交售国家粮食不能少、群众分红不能少、社员口粮不能少"。

在陈永贵的带领下大寨人掀起了自力更生、艰苦奋斗,重建家园的热潮。他们日战大寨田,夜战新农村,花费了五年工夫,一个崭新的大寨,展现在世人面前。

(五)全国"农业学大寨"

大寨人自力更生、艰苦奋斗、开山造田的精神被毛主席知道以后,不但让毛主席很是震撼,同时也让他看到了解决全国人民温饱问题的希望。他在1966年8月12日党的八届十一中全会,第一次向全国发出号召:"工业学大庆,农业学大寨,全国学人民解放军,加强政治思想工作。"从此,"农业学大寨"这一口号传遍神州大地。

大寨,这个原本名不见经传的小山村,在当时成了中国农村的"圣地"。全国不同地区的人们来到大寨取经,不但学习他们的造田技术,更学习他们自力更生、艰苦奋斗的精神。大寨村每天都会接待来自不同地方的取经者,平均每天都有近5000人登上虎头山,大寨村对中国农村建设产生了深刻的影响。

在大寨的崛起与发展过程中,陈永贵的功劳不可磨灭,因此,他获得了全国劳动模范的称号,受到周恩来等领导人的接见,并且在人民大会堂做工作报告。陈永贵是大寨人的骄傲,陈永贵留下的自力更生、艰苦创业的精神将永远激励大寨人勇敢前进。

二、郭凤莲与今日大寨

大寨村因为有了陈永贵才创造了"农业学大寨"的辉煌。但是,今日大寨村要感谢郭凤莲,在改革开放的春风下,她带领大寨人民转变思想,才创造了今日大寨的又一次辉煌。

(一)抱着一颗红心,勇当战天斗地"铁姑娘"

1963年大寨村的洪水冲走了村里的财富,但同时也冲出了大寨人无私无畏的集体精神和以郭凤莲为代表的大寨铁姑娘。在洪水来临之际,大寨人忙着抢运集体的粮食和牲畜,自家的财产却淹没在洪水之中。当时受老一辈大寨人精神的鼓舞,郭凤莲带领村里的22名女青年组成了一只"突击队",帮助村里人抗洪抢险,"铁姑娘"

队的雏形由此而来。

"铁姑娘"的赫赫大名是郭凤莲她们干出来的。冬天天气寒冷，漫天的鹅毛大雪，郭凤莲带领姑娘们凿土垫坝，从来没有一个人叫苦叫累。那时郭凤莲的手被石头压得鲜血直流，她包扎一下继续干。在田里吃饭是最艰苦的，饭从家里挑到地里，已经冻住了。当时郭凤莲说："只要心里有一盆火，饭再冰凉也不怕。"

"农业学大寨"的运动使大寨村成了全国的模范村，在大寨红遍大江南北的同时，郭凤莲的"铁姑娘"形象也日益为人们所熟知。1973年6月，郭凤莲当选为大寨村党支部书记，那时她只有26岁。那时郭凤莲当时没有别的想法，只想继续发扬上一辈的精神，带领全体大寨人走进更富裕、更幸福的生活。不久，郭凤莲又当选为中共中央候补委员和全国人大常委，并当上了山西省委常委、昔阳县委副书记，受到毛泽东、周恩来、李先念、邓小平等领导人的接见和赞扬。

（二）沉寂失落十年，通读领袖红色经典

正当郭凤莲想轰轰烈烈做一番大事的时候，历史和她开了一个小小的玩笑。1980年初，安徽小岗村实行家庭联产承包责任制，这使得大寨村的集体经济走向了没落。这年4月，郭凤莲被免职了，刚过而立之年的她很难过，她觉得大寨的农村建设毁在了自己的手中，她觉得对不起大寨人民。

郭凤莲免职期间刚好生第二个儿子，陈永贵借助来看她的机会给她带来了一包书，并语重心长地对她说："你人坐月子，思想可不能坐月子。"郭凤莲一听很是吃惊，只怕思想真的坐了"月子"。坐月子期间，她硬是啃完了《毛泽东选集》《共产党宣言》和《反杜林论》等马列著作，孩子还没满月，她把孩子留给婆婆照看，扛着锄头上虎头山劳动了。1980年9月，郭凤莲调离了大寨，到晋中果树研究所任副所长，这是她最为失落的一段记忆。

但是大寨人并没有忘记郭凤莲，在她调离大寨的时期里，大寨村换了四任党支书。虽然日子变得好一些了，但是大寨的辉煌已经不再了，大寨人想念从前的辉煌，想念大寨曾经的领导人。1991年

12月7日，乡党委书记给郭凤莲拿了一张免职书，说："你现在的职务免了，但任命你去新岗位的任命书不在我手上，到上面领任命书吧。"郭凤莲到了县里，县委书记说："我把你送回大寨去"。郭凤莲需要和家里人商量一下。她心里七上八下，拿不定主意。家里人多数反对，但是丈夫知道，像她这样的人没法过安逸的日子，于是对她说："你我都是党员、干部，得服从组织调动，组织上安排你回去，你就回去吧。"

（三）沐浴改革春风，创造一个新大寨

1991年12月，郭凤莲被重新任命为大寨村第8任党支部书记，至此，她已经离开大寨整整11年，如今的郭凤莲已经45岁了。再一次回到大寨，她心里憋着一股劲儿，想要把大寨建设好。面对百废待兴的大寨，郭凤莲展开了二次创业，她认为转变思想观念是大寨村尽快致富的关键。

第二年春天，郭凤莲带领一班人外出学习考察，她四次北上三次南下，学习发达地区致富的经验。她克服各种困难，住小旅馆，吃方便面，不怕被人笑话尝试新鲜事物。有一回到了上海，人家请她喝咖啡吃西餐，她都不知道那黑乎乎的是什么东西，不敢喝。

经过一番考察和学习，郭凤莲总结了不少经济发展的先进经验。从那以后，郭凤莲就紧紧抓住市场经济的好时机，带领大寨人民进行了第二次创业。首先是进行农业产业结构的调整，郭凤莲一边保证农业经济的稳定，一边积极引进资金、技术，兴办企业，全方位开拓经济新领域。大寨村引进的第一个项目是与江苏省江阴市合作的羊毛衫厂；在同一年，大寨村又引入了第二个项目，中外合资的大寨水泥公司。好的开始是成功的一半，从那以后以"大寨"命名的产品如雨后春笋般不断涌现：大寨酒、大寨醋、大寨面粉、大寨衬衣、大寨核桃露、大寨铝塑管、大寨杂粮……所有这些企业都由一个共同的公司——大寨经济开发总公司管理，公司董事长兼总经理就是郭凤莲。

2002年，大寨村经济发展进入了辉煌的时期，全村年产值1亿多元，利润也达到4000多万元，完全可以和东部沿海地区相媲美，大寨村又成了一个农村发展的经济典型。2005年8月,大寨被评为"全国十大名村"之一;后来又被中央精神文明建设委员会评为"全国创建文明村、镇工作先进单位";被国务院文明办评为"文明建设先进村";被全国工农业旅游示范点评定委员会授予"全国农业旅游示范点";2006年,"大寨"商标被授予山西省著名商标;中共中央组织部命名大寨党总支为"全国先进基层党组织"。改革开放30多年来,荣耀的光环再次笼罩着这个小山村。

第四节 大寨辉煌是如何创造的

一、自力更生、艰苦奋斗

大寨的发展得益于大寨人最宝贵的精神财富——自力更生、艰苦奋斗的大寨精神。大寨原本贫穷落后,生存条件恶劣。先是有党支部书记陈永贵带领大寨人民依靠集体的力量,艰苦奋斗、自力更生,劈山造田、改变生产条件,使大寨成为全国农业生产的典型。后有郭凤莲带领大寨人转变思想,求实创新,开展第二次创新,使大寨村迎来了新的生机,成为全国农村经济建设的典型,再一次创造了大寨的辉煌。

大寨的精神是一笔宝贵的财富,不但在艰苦的年代激励大寨人艰苦奋斗,而且在新农村建设中也有重大的意义。大寨的精神文化遗产,包括大寨人、大寨田、大寨的山水林田路以至大寨自力更生、艰苦奋斗的精神,构成了大寨一种宝贵的资源,这种资源可以凝结为一种品牌,然后转化为有价值的财富,大寨人一定可以依靠这笔宝贵的财富创造出更多的奇迹。

二、不畏困难、勇于挑战

今天大寨取得的成绩来源于以郭凤莲为核心的领导,积极转换思想,开拓创新,招商引资,建设社会主义新大寨。大寨重新崛起

的秘诀,依赖于以下几个方面:

(一)打造工商品牌

大寨崛起,得益于以中小型现代工商企业为发展的中心和重点,这种发展思路可以被称作"工商大寨"战略。在此指导下,大寨先后办起了饮料(大寨核桃露)、食品、服装、纺织、采煤、运输、酿造等新型工商企业群,平均每个企业约80人左右,规模不大,效益较好,使得村域经济财富猛增,其结果就是村强、民富。这种发展战略不但打造了多个大寨品牌,而且还能规避风险,使大寨长期获得经济利益。

(二)坚持了大寨优良传统:种好庄稼

大寨在发展工商业的同时,并没有完全丢掉大寨的农业,虽然农业收入占得比重较小,但是农产品产量保持稳定保证了基本农田建设。不但如此,大寨还推广科学种田,发展了高效农业、生态农业,农林牧副渔全面发展。大寨的成功实践,打破了"三农"圈认定"二三产业发展要靠'圈地',使农民失地,牺牲农业"的思维定势。

(三)观光旅游业异军突起

如今大寨的旅游业已经具有相当的规模,每年可以接待游客约20万人次,即平均每天达500多人次。大寨旅游业,采取了主要由全村农户分别负责旅客的接待,即采用农民"家庭经营"的形式,为旅客提供食宿等各项服务。每个农户每天平均招待旅客3人以上。大寨观光旅游2004年的经济收入已达到4600多万元。农户是这一收入的主要受益者(占3/4)。近几年来,旅游业收入已成为大寨农民收入的一个重要来源。2004年大寨农民平均收入达5000元以上。

(四)经济发展与生态改善、环境保护做到统筹协调

如今的大寨生态良好,环境优美。七沟八梁、光山秃岭都已经种上了树木,虎头山经过植树造林,到处是绿色和鲜花,景色十分迷人。在加强生态环境建设的政策下,大寨村正在变为一座森林、生态农业公园。现在全村森林覆盖率达到43.3%。大寨的成功实践证明,发展是硬道理,有发展,有实力,完全可以实现经济与生态环境的"双赢"。

第三章 市场第一村

——上海市九星村

第一节 九星村简介

一、九星村村绩与荣誉

上海的九星村,可以说是闪烁在上海西南板块的璀璨之星。上海的九星村隶属于闵行区七宝镇,经过十几年的拼搏与探索,找到了"以市兴村、以市富民"的可持续发展模式,完成了我国新农村建设的光荣使命。九星村创办了九星综合市场,如今已经具有相当的规模,占地面积106万平方米,建筑面积80多万平方米,入驻全国各地的商户达6500多家,市场经营五金、陶瓷、灯饰、家具、窗帘、茶叶、酒店用品、艺术玻璃等23大类专业商品,95大类商品,300多种品牌,上万个品种。2008年全村可支配收入56586万元,实现净利润22767万元,上交税收17801万元,村民人均收入4.3万元。

九星村的发展模式得到了国家和政府的肯定,先后荣获中国十大名村、中国特色村、中国十佳小康村、全国创建文明村工作先进村、全国民主法治示范村、全国文明诚信市场、AAAA全国名牌市场、改革开放30年著名品牌市场等诸多荣誉,2009年,又荣膺

"中国市场第一村"的光荣称号。不仅如此,九星村还是一个孕育富翁的地方,12 年间已经有 500 多位千万富翁走出九星村。村里的领导人叫做吴恩福,是全国十大杰出"村官",在他的带领下,九星村成了新农村建设的典范,中国市场中的一朵奇葩。

二、上海九星控股(集团)有限公司

九星控股集团是九星村的骄傲,与其他控股集团不同的是它是一个村办企业,但是它欣欣向荣的活力,给九星人民指引着幸福的方向。在吴恩福的带领下,九星集团也走过了一条不寻常的发展之路,十几年由小到大、由弱变强,结合自身的特点,创新发展的路子,不断挖掘自身的潜力,终于走出了一条"以商兴村"的发展之路。

目前,公司下设"市场管理、财务管理、广告管理、电子商务、小额贷款、物流储运、旅游服务、房屋租赁"等 8 大产业,其中支柱产业是九星综合市场。部门下设十二个管理区:分别是牛头浜管理区、姚家浜管理区、高家湾管理区、塘家湾管理区、田家巷管理区、葫芦湾管理区、星强街管理区、停车场管理区、沈长浜管理区、灯饰管理区、文具礼品管理区和农贸市场,共拥有员工近千人。集团公司先后荣获了中华全国总工会授予的"全国五一劳动奖状";《中国企业报》社授予的"中国百佳创新示范企业"等荣誉称号。九星市场也先后被评为中国市场第一村、全国文明诚信市场、AAAA 级全国名牌市场、改革开放 30 年著名品牌市场、上海市消费者权益保护示范点、上海市示范市场、中国竞争力百强市场、中国建材流通市场 100 强等诸多殊荣。

第二节 九星村发展现状

1994 年以前,九星村在七宝镇地区是一个贫穷落后的小村庄,经济位于七宝镇倒数第二名。1994 年之后,吴恩福担任九星

村党支部书记及村委会主任,可谓是"受命于困难之际"。十几年来,他带领九星村团结奋进,开拓创新,走出了一条以市(场)兴村,以市(场)富民的成功之路,建立了强村富民的长效机制。

一、"三有"新农村

除了富裕之外,九星村还实现了"三有",即:"人人有股份、人人有工作、人人有保障"。

(一)产权改革,实现"人人有股份"

九星村在发展过程中,无论怎样改革、怎样发展,都始终把集体、市场管理者和村民紧紧联系在一起,绝不损害任何一方的利益。2005年,九星物流股份有限公司成立,标志着九星村开始进行集体经济的改革。但是他们把集体的资产量化到每一个村民,作为公司的股份投入到公司的发展之中。在以后的发展中,他们也不断地追加村民的股份,保证村民"人人有股份",避免了农民"种田无地、就业无门、保障不足"的问题。

(二)依托市场,实现"人人有工作"

九星市场不仅为九星村创造了财富,而且让九星村村民能够像城里人一样"人人有工作"。他们依靠市场,不仅为本地村民解决工作,而且还为政府征地的农转非人员、外来务工人员解决工作,保证在九星的人"人人都有工作",为村民的生活提供了保障。九星市场发展计划是每年都要创造、挖掘大量就业岗位提供给村民,他们自己成立消防队、保洁队和社会综合治理管理队,不但为村民提供了必要的服务,还为大量的人员提供了就业的机会。

(三)依靠集体,实现"人人有保障"

九星村始终遵循"强村富民"的发展路径,在经济发展的同时,保证每个村民都能享受发展的成果。村里的每个人都有城保或镇保,1998-2009年,村里给村民的福利累计达8903.6万元,其中2009年1850万元,比1998年增长近15倍。村里的老人也能享受到福利,每月的退休金都在 768 元以上。村里人的收入来源广,包括工资性收入、保障性收入和财产性收入等,这使得九星村村民真正实现了"人人有保障"。

二、社会事业发展

九星村不但村子整体经济发展,而且更注重人民生活质量的提高。吴恩福说:"村与民有四种关系:村穷民富、村强民富、村穷民穷、村强民穷"。那么,九星村已经达到了"村强民富"的理想状态。村里不但每个人的工资收入保障了村民的生活越来越富裕,而且村里各种各样的补贴和福利不断提高了村民的生活质量。例如,在农户迁往城镇居住的过程中,九星村会给他们发放物业补贴费,2008 年,整个九星村迁往城镇的 643 户农民得到了每月高达 1200 元的物业补贴费,这样就减轻了他们在城镇生活的压力。然而,物业补贴在九星村只是九星人民幸福生活的一个小小的侧面,九星村的社会事业全面发展,为九星人创造了舒适、优美的幸福生活。村里修路 23 条,建桥 8 座,建筑标准化公用厕所 50 座,还有很多娱乐设施供村民在茶余饭后休闲。村里 60 岁以上的老人每月有 400 多元的补贴;子女上大学有每月 5000 到 8000 元的补贴;每逢过年过节村里还发放慰劳费和物资,九星人民就像生活在幸福的天堂。

三、"市场第一村"

走进如今的九星村,你再也找不到传统农村的影子。车开进九星村,你首先会看到居民区,当你到了村子中心的时候就没有了居民去,取而代之的是一个个店铺,你走在九星村的中心绕过一条街道,扑面而来的是店铺,再绕过一条街道,扑面而来的还是店铺,仿佛置身于店铺的海洋。

站在高楼上看九星村,一排排的都是店铺,店铺门前还停靠着各色汽车,有轿车、也有许多小卡车,更有蹬着三轮车四处搬运货物的工人忙碌地穿梭;而车子的牌照显示它们来自全国各地:冀、晋、蒙、辽、吉、黑、沪、苏、豫……看到这些，会使人感觉置身一个全国大市场。九星市场有个特征，店铺很多，但是你并看不到嘈杂的场面。这是因为九星村是一个批发市场，不做零售生意，生意谈好了就直接从仓库取货就可以了。

第三节 九星村发展历程

一、昔日"九星村"

在九星村这块土地上原来有24个自然村，1952年响应中共中央"关于农业生产互助合作"的号召，每个村成立了1～3个互助组，后来这些互助组有组织地建成了九个初级社，1955年这九个初级社合并成为了一个高级社。在考虑新的名字时，有过比较激烈的争论，最后有人提出："我们这个高级社是由九个初级社合并而成的，这些初级社基础都很好，成立一二年来进步很快，成绩也不小，每个社都像一颗明亮的小星星在闪闪发光，因此将名字定为九星高级农业生产合作社吧！"这个提议得到一致赞同。九星村的村名也就随着以后合作社改为村名。

但是，这九颗闪闪发光的小星并没有如人们所想的那样发出光芒。那时九星村和中国所有的农村一样，农业是主要的产业，主要种植粮、菜、棉。后来政府为了保证上海大都市的蔬菜供应，九星村不得不停止了效益较好的棉花种植，改种蔬菜，计划经济束缚了九星村的发展，贫穷笼罩着九星人民。改革开放后，九星也进行了土地承包、办乡镇企业的尝试，但是这些都没有让九星村富起来。1994年，上海经济快速发展，周边的村子都富了，然而就在那一年九星村人均收入全年不足3000元，村子所办的几个联营厂都经营困难，村子欠债1780万元，而村子的集体总资产不过2100万元，负债率高达84.7%。村子两年多发不出退休金，村民的医药费也报销不了，九星村因此背上了巨额的债务。

二、九星村迈出第一步：吴恩福上任

1994年是九星村永远也忘不掉的一年，这一年九星村最贫穷，然而也就是这一年进入了转折发展时期。因为这一年，九星村的"掌门人"吴恩福上任了。吴恩福是土生土长的九星人，他对这里的一切十分了解，从他上任的那一天起，他就下定了决心，带领九星人民走出贫穷，走向幸福的生活。

吴恩福认为村办企业没有竞争优势，是九星村困难的根源。对此，他走出了第一步棋，将企业与村子分开，采用"合作形式、租赁性质、独资管理"的方式，对外招标，由经营能人管理。这是一步好棋，它停止了九星村继续亏损的局面。吴恩福的第二步棋是"筑巢引凤"，他不再办而是兴建厂房，然后对外出租，这步棋不断为九星带来了可观的收入，而且让好的企业在这里安家落户。吴恩福上任19个月，九星村还清了所有的债务，由此开始九星轻装上阵，谋求更大的经济发展的步伐。

接下来，吴恩福更加苦闷了，村子的发展并不是还清了债务就万事大吉了，重要的是让村里的每一个人都不再贫穷，过上富裕、幸福的日子。九星村背靠上海大都市，这样一个"美妙"的安排使九星村处在尴尬的境地，它离上海市区不远，已经被部分城市化，它又离上海市区不近，部分被边缘化。吴恩福苦苦思索，九星村的出路到底在哪里？

办农业？产出太低，一亩田地年收入不过千元，九星村土地又少，每个人只有三分地，仅仅能勉强糊口，就更不用说致富了。而且村子已经被部分城市化，劳动成本极高，失去了竞争优势。

搞工业？这是当时众多农村所走的路子，但是九星村之前的村办企业不但没有发展起来，相反严重的亏损给九星村带来巨大的负债。况且一没资金，二没人才，如何办厂呢？

搞房地产开发？吴恩福想房地产开发，看似有大笔资金收入，但最终的结果是"卖地"，这样会损失九星村仅有的资源，还会使村民无家可归。

三、九星村面临挑战：出路在哪儿

（一）出路初探：三产与工业并上

1995年，吴恩福给村子定下了"外三产、内工业"的发展思路，借助外围的交通优势，兴办第三产业，而在村里则搞一些小工业。九星村开始着手建设"三场一路"：即大型停车场、农贸市场、养鸭场和虹莘路商业一条街。这里面，兼有第二产业和第三产业形态。这是九星对兴办市场的首次探索。

但是，养鸭场只办了两年就被迫放弃了，因为周边的村子也很快搞起了养鸭场，使得鸭子的价格急速下降，养鸭已经变得无利可图。这个结果再一次说明了做农业不是九星村的出路，不能给九星人带来幸福。但是，办鸭场也给九星一个提示：鸭场规模大了，需要一定的渠道去集散，同时它也需要大量的饲料与药品、鸭笼等相关产品的配套，这里有一个"市场"需求。九星的农贸市场正好能解决这些。

大型停车场的命运也十分不好，当时上海对货车进出数量进行限制，九星村就在这个限制区位，停留在上海外的汽车就暂时停止九星村，这给九星村带来了每年几十万的利润。但是九星人算了一笔账，这几十万的利润分摊到100亩的土地上，产出是微不足道的，而且以后没有升值的空间，因此九星自然放弃了停车场。

相比较来看，农贸市场办得是成功的，从开办以来，摊位不断增加，为附近大量的村民提高了服务。当时市场主要承担粮食蔬菜的集散功能，市场越办越红火，当年就获利30多万元。伴随着附近古美街道社区的建立，大量人口的迁入，农贸市场愈加红火。

"三场一路"是九星的市场初试，这一试试出了九星的出路。

（二）坚定选择：办市场

对，就办市场！吴恩福以其敏锐的眼光、超前的意识和敢冒风险的胆略，将九星村由过去的"外三产，内工业"的思路调整为全力发展三产——建市场的宏伟战略。

"九星商行"是九星村的第一个商业市场。之所以叫"商行"，是因为当时有个政策瓶颈：村级不许办商品市场，市场只能由工商部门来办。九星人特地绕开市场的字眼，而叫做"商行"。但它提供场地、向外出租柜台，却是市场的形态。"九星商行"和星东路商业街是九星市场的起步，但这个起步带有很大摸索前进的色彩，在成立之初，人气很难聚集，单靠村民本身的购买力很难把市场发展起来。

吴恩福又在思考，他敏锐地捕捉到上海的发展需要大量建筑材料的商机，决定把九星市场定位在为上海的城市化建设提供材料，做材料的集散地。他的想法是正确的，随着市场生意的红火，吴恩福的思路开阔了，九星应该做市场，做大市场，做大批发市场。不做则已，要做就做大，要做就做全，做一个上海超大的批发市场，那样就能聚集人气，解决村民就业。

但是第一批专业性的批发市场建成之时，并没有如九星人所想的宾客迎门的景象。要想发展市场，招商引资工作必须放在一切工作的首位。为了早日招到商户，让市场活起来，九星人因地制宜，创造了四种招商模式：一是自筹资金自己建设，自己招商，自己管理；二是村里投资建房后，整体租赁给一个较大的业主，由业主自行招商管理。三是把建设用地租赁给业主，由业主按村里统一规划，投资建造商业用房并自行招商管理。四是村里投资后，由业主按批发城专业市场的整体要求进行定向招商，利益分成。四种招商模式，既凝聚了各种力量，发挥了各人的积极性，同时又减少了成本，降低了村里的债务风险。

（三）九星综合市场：黎明的曙光

1998年，九星村终于看见了发展路上黎明前的曙光，这一年九星村迎来了两个转机，一个是村办市场越来越红火，另一个是政策上的好机遇，经闵行区人民政府正式批准九星综合市场成立，可以到闵行工商局正式注册，这表示着九星市场有了更好的发展机遇。从8月到11月的三个月里，九星村抓住机遇，发展速度十分惊人。不但创办起五金、食品、南北干货、胶合板、农副产品5大批发市场，建材装潢、陶瓷、灯饰、汽配、茶叶等批发市场也随后成形。

一年年的艰辛投入，换来一年年的收获。九星的综合市场越做越大，名声越来越响。到2005年11月，九星综合市场的占地面积已发展到106万平方米，营业面积达到60万平方米。来自全国各地的5000多家客商进驻市场。经营商品种类有：五金、胶合板、陶瓷、灯饰、不锈钢、艺术玻璃、地板、家具等20个专业区500余个大类10万多种商品。市场每天云集顾客2万多人次，2004年市场的年销售额超100亿元。红红火火的九星市场不但给九星人带来了财富，更为九星人带来了走向幸福生活的希望。

（四）奇迹再续：创造竞争优势

九星市场是办起来了，并且取得了喜人的成果，但是进一步扩大市场需要大量的土地资源，而九星的土地是有限的，如何在有限的资源约束下保持九星的竞争优势？九星人有自己的发展战略，即："有形做强，无形做大"。

（1）有形做强。

一是对现有市场进行重组，扩大前景好的专业市场规模，例如将摩、汽配批发市场和灯饰市场合并，增强灯饰市场规模优势。陶瓷市场经营好，就把水产市场的一部分调整为陶瓷市场。

二是"做厚"。他们将商户的居住区、经营区分开管理，优化市场形态；他们建设高层建筑，层层相连，栋栋相通，最大化地利用土地；为解决客人不喜欢上楼的问题，未来会建一些地下一层，让二层楼面变成一层，或者是修建一些专用车道，让汽车能直接开到商场上层楼面。

三是"做精"。九星还直接引进名优产品专卖店进入市场，引进一些大企业大公司总部入驻市场。

四是优质服务，提倡"以诚为本，取信于客"的经营理念。为了解决商户交税、注册的麻烦，他们主动上门服务，为商户节约时间；水电物业管理部门及时为业主进行水电安装，维修随叫随到，为商户提供优质服务。

（2）无形做大。

一是于1999年5月举办"99七宝庙会大型灯展暨九星批发城

大型招商会",为九星寻找具有发展潜力的市场品牌。

二是探索大型批发市场经营方式,推出了适合市场发展的软件管理措施:设立了市场管理部和消费者权益保护点,用以管理市场,保护经营户的利益,保护消费者的权益,全力制止制假售假、无证经营和不正当竞争等违规行为。开展明码标价活动,提高价格的透明度。九星已在市场内实行"先行赔偿,投诉不出门"制度,买到假货的人在问题解决前就会得到赔偿。通过一系列的软件管理,九星提高市场的信用质量,不但保护了消费者的利益,也提高了商户的信用水平。

四是九星开始利用网络资源,再建一个网上九星市场。在网络发展的今天,九星已经开始利用网络推广产品、网上办公,电子化的管理实现了网上办证、网上缴费等多种功能,这样不但为商户节省了时间,也大大提高了九星的影响度。

四、九星模式

九星的发展已经形成了独具特色的"九星模式",这种模式不仅带领九星人民走出了贫穷,走向了富裕,而且成为中国新农村建设的模范。

第一,九星的成功在于以客观的消费需求为基础。九星最初的发展抓住了上海大都市建设需要建筑材料这一个商机,是从建筑装潢材料起步的。但现在建筑装潢材料已不是九星市场的主要部分,取而代之的是生产资料为主,建材装潢为辅的多种类、多品种、跨品种,利用错位竞争优势业态的大型综合性批发零售市场。

第二,九星的成功在于能够充分利用自身的优势。九星没有选择农业,也没有选择工业,单单选择了村办市场这条路子,这不是偶然的,是充分考虑了自身条件后做出的选择。对九星而言,做农业地少,乡村工业也进入了没落时期,办市场才是正确的选择。

第三,九星的成功在于选择了十分恰当的介入时机。在20世纪80年代人们的思想还较为封闭的时期,九星人开拓思路,毅然决定办市场,这是需要勇气和敏锐的市场洞察力的。历史证明九星的发展是正确的,九星抓住了恰当的介入机会,办市场的路子一路走下来了。

第四,九星的成功在于正确运用了滚动的发展模式。九星市场由小到大,由弱到强,发展到今天的规模是一个由量变到质变的过程。这期间,最初建仓库没钱付工程款,他们就给工程队免租半年或更长一些,然后再收回。九星村以后的改造思路也是一片片地做,成熟一个弄一个,滚动发展让九星村发展后劲特别大。

当然,九星的发展最重要的是有一批好的领导人,以吴恩福为首的一班人,从实际出发,实事求是,他们顶住了来自各方对土地的需求,终于在用地性质合法的前提下,坚持自办市场,坚持农民能够创造管好市场,最终带来了九星的腾飞发展。

第四节　九星村发展奇迹的背后

一、九星精神:求实创新

九星人把自己的成功归结为求实与创新。他们认为:求实是九星腾飞的根本,创新是九星发展的关键。

(一)九星村民求实

九星人做事讲实事求是。在 20 世纪 90 年代中后期,九星是通过摸索实践而选择了政策上还是禁区的市场形态,当时面临的是种种打压,但九星人认为实践能说明一切,顶住了压力。九星人的四种招商模式是从实际出发,又透着创新的光芒,正是这种创新模式搞活了市场,使经济得到飞速发展。

九星市场是一种介于大卖场和门店之间的简陋市场,有人就建议把九星市场装修得漂亮一些,但是九星人认为这些都是不必要的成本,只要有好的经营理念和经营方式,一样可以聚集人气,做强做大市场。九星人有了钱,但并不乱花钱和浪费钱,九星不会为了单纯好看,而做一些不切实际的不被市场接受的东西。

现在九星村发展了，有财力了，有人又开始在后面"推"九星，认为九星可以搞多元化发展等，对此，九星也是清醒的，认为自己的资源就是这方土地，想办法把它的价值提升才是发展的真理，九星为此定位，抓好现有市场的规范和层次，力争市场由较低的形态上升到较高的形态。

（二）九星产品创新

九星办市场，其产品就是商铺。但九星因地制宜，所提供的商铺表现出各种形态。九星有按照标准建立的沿街商铺，更多的是将最初的仓库厂房改建为商铺，还有是将沿街的村民住房加以改造，使之成为商铺。这样九星既有面积在十几、几十平方米的沿街小商铺，也有面积上千平方米的大商铺，可供不同的商户选择。

（三）九星管理创新

九星在招商中采用了多种模式，其中有三种不是村里直接出面，而是由有能力的大商户来进行招商。即：村里将一些大的数千平方米的仓库改建的商铺房整体租赁给一个较大的业主，由业主来自行招商；另一种是直接将规划好用途的土地租赁给业主，由业主自行投资建造商业用房；还有是村里投资后，由业主按批发城专业市场的整体要求进行定向招商，利益分成。这几种招商方式有一个共同的特征，就是村子并不管理大业主招来的小商户，这些数千家小商户是由将他们招来的大业主来管理的。一个小商户如在办证、产品质量上出了问题，是要追究大业主责任的。这就是村子的高明之处，通过一些大业主，实现了对商户的管理。九星村这种创新的招商模式，不仅减轻了九星村对商铺管理的负担，而且聚集了人气，扩大了市场规模。

（四）九星组织形式创新

九星市场商户很多，把他们有效地组织起来是九星村发展的一个新课题。为此，九星村建立了联合党支部和市场工会，加强了与市场经商人员的互动。2003年成立的九星综合市场公会是上海市第一家市场联合工会，目前有18个工会小组，会员1800多人。工会编印工作简报、发放会员联系卡、组织会员培训和外出游览参观，还为会员放映露天电影,开展扶贫帮困、看病人、捐款救灾等。

九星还建立了市场流动人口计划生育协会。2005年6月流动人口中已婚育龄妇女有3829人。九星通过协会把流动人口组织起来,实行自我管理、自我教育和自我服务。

二、九星环境:和谐安康

(一)社会环境

九星村重视提供公共服务设施,注重社会环境的优化。村里投入巨资,在全村范围内实施了文明住宅改造工程,先后修筑了23条路,建了8座桥,在村子里铺出了四通八达的道路网。

在文化设施方面,九星先后建起了书场、图书室、电影院,后来又成了上海市郊区的电话村、手机村,建起了上海市郊第一家驻村邮政所,三个婚丧喜事大厅等,方便和丰富了村民、商户的生活。九星还有自己编写和出版的《九星市场简报》,报道与村子、市场相关的重要信息,起到了桥梁沟通作用。九星村还经常举办一些文艺晚会和庆典活动,陶冶人的情操。九星有健全的医疗卫生条件,村民都享受了医保。村里每年还会给村民交纳有线电视费,给住在村外小区的居民补贴物业管理费。村里实行垃圾桶装化,定时定点集中收集垃圾,因此,九星获得了上海市卫生村和闵行区文明村称号。

(二)社会安全

九星有着很好的文化包容性。九星是一个市场村,总人口16825人,其中外来流动人口就有13100人,接近于80%。这些外来人口来自全国各地,他们与九星村民一起共同生活,相处融洽,没有摩擦,也没有恶性事件发生。这些外来人口也没有形成帮派群体,而是相互帮助,相互竞争,和谐自然地在九星这一块土地上创造着幸福生活。九星在加强村民教育的同时,也加强了对外来人口的管理。

九星有着良好的社会治安,保安队会一天24小时地在市场内巡逻。在九星开店铺,即使你忘记关门,也没有关系。因为保安人员会时刻注意每一家店铺，如果发现主人不在，就在那里守候，必要的时候会打电话提醒。因为易燃物品多，人口流动大，九星村为商户着想，也为市场的安全发展考虑，组建了上海第一家村级专业消防队。

（三）文化制度

九星在市场管理方面有许多创新的文化制度。九星设有专门管理市场的市场管理部，后来更名为招商管理办证服务部，更体现以招商与服务为主要任务的特征。招商管理办证服务部下设有招商引资组、办证组、租赁注册组，一切都是围绕市场而动。

九星编写了《上海九星综合市场经营有限公司规范管理手册》，将各种管理工作已经形成了一种制度，用以约束九星人和商户的行为。上到村支书、村长、董事长，下到普通员工，他的岗位职责、行为规范、绩效考核等都清清楚楚地列在上面。而对于人事、财务、应收账款、工程验收、合同签约等行政工作，对管理、招商、消防、治安、车辆、广告、水电、施工、环卫等综合性工作都有具体的规定，在市场管理方面，更是细化到每一个细节。有效的管理制度规范了市场运作，提高了市场的效率。

第四章 高科技第一村
——浙江省花园村

第一节 浙江花园村简介

东阳市南马镇花园村地处浙江中部，距东阳城区16公里。原花园村有183户，496人，面积0.99平方公里。2004年10月，花园村与周边9个行政村合并组建成新花园村，现花园村农户有1748户，总人口超2万人（其中村民4393人），村区域面积达5平方公里。东阳市南马镇花园村仅是全国众多叫"花园村"其中的一个，但她却是真正的花园，是真正的农民的乐园。

花园村已有600多年的历史，解放前是一个有名的穷山村。1978年，花园村年人均收入仅为87元。在村党委书记邵钦祥的带领下，经过三十年的创业拼搏，花园村已成为经济发达、村民富裕、乡风文明、村容整洁、管理民主、生态良好的全面小康建设示范村。花园村倡导的"以工富农、以工强村、共同富裕、全面小康"的花园之路已引起社会各界的关注。2006年，以"当好带头人，建设新农村"为主题的第六届全国"村长"论坛在花园村成功举办，花园村社会主义新农村建设的成功经验，得到了各级领导、著名村官和与会代表的一致赞誉。

如今，花园村经济发达、村民富裕。2010年，花园村实现工业总产值91.98亿元，村民人均收入达51600元。花园村拥有个体工商户达511家，其中，花园集团是国家级企业集团，2010年实现销售经营收入71.41亿元，利税总额5.4亿元。花园村主要产业有生物医药产业、新型材料产业（铜业）、建筑房产业、红木家具产业、商贸产业、机械电子产业、旅游产业、传统及其他产业等。如今，花园村已成为全球最大的维生素D3生产出口基地，国内最大的红木家具设计、生产、销售集散地，并形成辐射全国的重要木材交易基地。

第二节 花园村发展进程

一、花园村发展演变

花园村已有600多年的历史，昔日的花园村自然条件很差，凹凸不平的黄土地，地少水缺没资源，村民祖祖辈辈生活在11个不长草木的小山头上。解放前，村民主要靠打长工、挑盐贩卖度日；解放后，靠捉泥鳅、搞副业谋生。那时花园村流传着这样的顺口溜："村名花园不长花，草棚泥房穷人家，种田交租难糊口，担盐捉鱼度生涯。"这是旧时花园村的真实写照，于是，"有女不嫁花园村"也就顺理成章了。

（一）改革春风生希望

1978年，党的十一届三中全会吹响了改革开放的号角，揭开了中国改革开放的序幕。面对千载难逢的机遇，花园村人民也在思考，怎样把握这个机会，花园村用什么路子才能走出贫穷摆脱困境？花园人怎样实现祖祖辈辈渴望花园般生活的梦想？这个时候花园村的"领头雁"——邵钦祥，有了自己的发展思路。邵钦祥是一位土生土长的农民企业家，一名顶天立地的中国共产党人。面对新时机，结合花园实际，邵钦祥认为：花园村只有办工厂，走工业化道路，以工富农，以工强村，以工兴村，才能实现梦想。

（二）星星烛光终至燎原

花园村发家致富的起点是小小的蜡烛，正是这个微弱的蜡烛让花园村走上了致富之路，让花园人走上了"以工富农、以工强村、以工兴村"之路。1981年5月，当时的大队书记邵钦祥察觉到当时农村经常停电，晚间照明不可或缺，蜡烛应该有销路。于是他说干就干，邵钦祥找厂房学技术，兴办蜡烛厂。合伙办厂的几家男女都有明确分工：男主外，跑供销；女主内，勤生产。几个月下来，蜡烛的生意非常好。邵钦祥拿祖祖辈辈的农业生产与这个小小的蜡烛厂相比，觉得农民必须转变观念，不能光在土里刨食了，他从小小红烛闪闪的烛光里看到乡镇企业的希望之光。这一步，是花园人突破思想藩篱，花园人白手起家，创造美好幸福生活的第一步。这一步开创了花园农村改革的崭新时代，使花园人一举站在了农村改革的最前列。

在尝到蜡烛厂给花园村人民带来的甜头以后，紧接着邵钦祥又走出了"以工富农、以工强村、以工兴村"的第二步，办起了服装厂。小小的蜡烛厂只是花园人走工业化道路的开始，办服装厂的成立则是坚定花园人"以工富农、以工强村、以工兴村"信念的关键一步。

1981年10月，邵钦祥和他二哥会同老书记，又筹集资金9000元，办起了花园村真正意义上的第一家工厂——花园服装厂，当年就实现产值5万多元，获利7000元。初试办厂的喜人成果，使邵钦祥增强了办厂致富的信心。1990年，邵钦祥又联合46家户办、联办企业成立了金华市首家村级工业公司——花园工业公司；1993年成立了浙江花园集团公司，花园村在脱贫致富的道路上一路寻觅，一路前行。1996年开始，花园人进行了产业结构调整，把产业发展锁定在高科技项目上。2000年，花园集团与中国科学院合作成功开发并实现工业化大生产的维生素D3项目，打破了国际垄断，填补了国内空白，产品80%出口欧美等国家和地区，成为了全球最大的维生素D3生产企业。目前，花园村形成了生物医药、铜业、红木家具与木制品、纺织服装、电子器材、火腿食品、建筑建材、外贸出口、房地产开发、医药、商贸、农产品生产加工、旅游休闲和教育等多产业发展格局。

(三) 共同富裕暖人心

邵钦祥还有另外一个理念,那就是"一家富不算富,大家富才算富"。办厂致富的邵钦祥,从来没有忘记他的村民和花园这片土地。从开始办厂,邵钦祥就每年从企业的利润里拿出一部分资金,用于村庄建设,三十年来,他已累计出资数亿元,用于村里的基础设施建设和各项福利事业。短短三十年时间,花园村发展也取得了一个又一个新高点,如今的花园村,经济发达、村民富裕、环境优雅、生态和谐、文化繁荣、政治民主、呈现出社会主义新农村的勃勃生机。2010年,花园村拥有个体工商户达511家,实现工业总产值91.98亿元,村民人均收入达51600元,真正实现了共同富裕,花园村人民过上了比城里人还快乐的幸福生活。

二、村绩与荣誉介绍

花园村的"以工富农、以工强村、共同富裕、全面小康"的发展理念引起了社会各界的关注。花园村先后被授予"全国文明村"、"中国十大名村"、"中国十佳小康村"、"中国幸福村"、"首届浙江魅力新农村"等荣誉称号。花园村是全国村官培训基地和全国新农村建设A级学习考察点,在中国名村综合影响力排行榜中,位居第五位,同时被评为中国城乡一体化发展十佳村,位居第四位,被上级领导誉为"浙江农村现代化的榜样"、"浙江第一村"、"中国红木家具第一村"。如今,花园村宽敞的马路,连片的别墅和高档的住宅,剧院、医院、学校、公园、游泳馆、图书馆、塑胶体育场、老年公寓、大型商场、四星级酒店以及吉祥湖休闲区等设施一应俱全……

花园村党委书记邵钦祥是高级经济师,东阳市人大常委、浙江省新农村建设促进会副会长、浙江省第十一届人大代表、金华市工商联副主席,先后荣获"全国创建精神文明建设先进工作者"、"全国当代优秀改革家"、"中国乡镇企业十大新闻人物"、"中国功励村官"、"全国优秀基层干部十大新闻人物"、"浙江省十大时代先锋"、"浙江省劳动模范"、"省奔小康带头人"、"省新农村建设优秀带头人金牛奖"等荣誉称号。

第三节 花园村发展特色

一、高科技产业发展

（一）花园村企业

花园村有户办、联办及个体企业共320家，其中花园集团是国家级企业集团，目前，花园集团正在以高科技优势领跑花园村的经济。

花园集团地处浙江省东阳市南部，是全国大型企业集团、全国文明乡镇企业，名列全国民营企业500强。2005年被评为"2005中国最具生命力十大民营企业"。目前有12家全资和控股公司、5家跨地区企业。花园集团从服装厂起家，紧抓机遇，改革创新，不断发展壮大，于1991年10月，联合46家户办、联办企业组建了金华市首家村级工业公司——东阳市花园工业公司；1993年组建了浙江花园集团公司；1994年9月根据现代企业制度的要求，把核心企业改造成浙江花园工贸集团有限公司，使科学合理的现代企业制度建设步入轨道；1995年经国家工商行政管理局的批准，公司变更为国家级集团公司，更名为"中国·花园工贸集团有限公司"，同年被国家农业部确认为国家级首批乡镇企业集团。经过二十多年的发展，花园集团已经形成以高科技产业为主导，新兴产业和传统产业相配套的新一轮经济发展格局，以工业经济为主体、房地产业和第三产业协调发展，并带动农村经济发展的格局。主要产业有：医药化工、房地产开发、建筑建材、纺织服装、火腿食品、电子器材、外贸出口、教育和旅游休闲等。2004年，花园集团实现销售收入12.5亿元，实现利税1.98亿元。2011年1至10月实现销售收入 15.59 亿元，销售额和利税分别比去年同期增长了 99.78%、112.5%，总资产达 15.11 亿元。其中高科技产业已占花园经济总量的 65%。

花园集团也把房地产开发作为企业的发展目标。位于黑龙江省集贤县的总建筑面积 17 万平方米，总投资 2 亿元的"花园现代城"已基本完成，为花园集团的房地产业打下坚实的基础。

高科技引领着花园村走上了新型工业化道路，高科技已经成为花园集团新的经济增长点。目前，生产技术具有国际领先水平的维生素 D3 产业已成为全球最大、国内唯一的生产企业，打破了德国、瑞士、荷兰等三大国家的垄断。维生素 D3 项目是"国家重点火炬计划项目"、"国家重点技术创新项目"和"国家双高一优项目"等。该项目的工业化生产，对于改变我国维生素 D3 产品依赖进口的局面、带动医药制剂、饲料产业、食品生产和化学工业的发展，具有十分积极和深远的意义。近年来，花园集团下属企业——花园生物高科股份有限公司和杭州下沙生物科技有限公司成为专业从事医药化工、生物化工及饲料添加剂产品的研制、开发和生产的国家级高新技术企业，预计今年可实现销售收入 6.5 亿元，利税 2 亿元，在五年内，维生素 D3 产业争取销售额突破 30 亿元。分别通过 ISO9000 认证的维生素 D3、纺织服装、火腿食品等生产企业和通过 GMP 认证的花园药业已成为"全国乡镇企业创名牌重点企业"。花园生物高科股份有限公司已经通过 ISO14000 国际环境体系认证，并被评为浙江省绿色企业。花园药业有限公司的主导产品心脑健片是国内独家生产品种，为国家中药保护品种。

花园集团倡导制度和经营方式创新。1998 年以来，为了进一步明晰集团下属各企业的投资主体，同时为了进一步调动经营者和科技人员的积极性，花园集团建立了股权激励机制，鼓励经营者和科技人员参股，并把下属企业全部改造成有限责任公司，建立了花园集团母子公司制体制。在公司产权制度改革中，花园集团还切出最优秀的经营性资产和高科技产业组建了股份有限公司，进一步完善法人治理结构，争取股票上市。在经营方式上，花园集团除了追求产品经济效益的最大化外,还采用企业收购、兼并和参股等多种资本运作模式,把企业做大做强,初步形成了产品经营和资本经营相结合的经营方式。

花园集团坚持以人为本,全面引进、培养、使用科技人才。花园集团积极为引进人才营造良好的工作和生活环境,建立股权激励机制,使之形成按劳、按资、按技术分配的利益分配机制。目前,高中级职称人员已占企业员工总数的26%,其中下属企业花园生物高科股份有限公司不断加大新产品开发力度,成立了生物技术研究中心,研发人员共11人。集团在为引进人才营造良好工作环境的同时,还营造好外来引进人才的生活环境,为外来人才建造了设施一流的"小康公寓"。

今日的花园集团,已经具备了加快发展的基础和条件,大步跨入了工业化、城镇化、信息化时代,他们将坚持科学发展观,走可持续发展道路,以"求实、创新、求强、共富"的花园精神为动力,做大做强高科技产业,做大做活房地产业,做大做美花园村,把花园打造成为一个"科技花园、绿色花园、活力花园、和谐花园",把花园集团打造成为国际化、现代化的综合性一流企业。

(二)花园村的第三产业

花园村第三产业兴旺,商贸发达,有大型粮油商贸城、购物广场、农产品大厅、木材木线市场。旅游观光区的中华百村图、吉祥湖畔等十大景点和现代农业、生态农业园区、老年公寓、饮食、建材、工艺品等各具特色的商业街已基本形成,已成为现代乡村风情游、农民休闲度假的好去处。"百年田氏、五代祖传"的花园田氏医院技术精湛、享誉浙中。

花园村民俗文化馆陈列有代表江南文化的各种物品,通过民俗文化的展出游客可以了解到江南的各种文化。

为提供游客住宿休息的花园大厦,是按四星级酒店标准设计的,环境优美、安静,住宿用品一应俱全,为来到花园村的四面八方的游客提供最优质的服务,使他们在观光优美环境的同时,也可以得到最舒服的休息。

花园村的吉祥湖，湖水蔚蓝，空气清新，周围被江南式的建筑围绕，犹如一个人间仙境。

花园村尤其关心老年人的生活，投资建成了花园老年公寓。公寓内电视、空调一应俱全，还有各种各样的老年活动设施，老年人居住在里面，彼此谈天说地，进行各种娱乐活动。这不仅丰富了老年人的生活，还有益于老年人的身体健康。

（三）花园村农业

花园村地处浙江中部丘陵地带，长期以来一直处于"村名花园不长花，草棚泥房穷人家"境地。花园人依托花园集团的高科技优势，走出了一条科技强农之路。

2005年，花园农业发展有限公司与浙江省农科院、上海农科院合作，规划1200亩土地，投资1200万元，建设生态高效农业设施栽培示范园区，包括精细蔬菜、水生植物、稻菜轮作功能区和名优水果区。经过四个多月的努力，完成了占地12000多平方米的一期玻璃温室和连栋大棚，分别进行了效益栽培，常年生产销售水果、无公害蔬菜，并成为乡村生态农业旅游观光园区。在玻璃温室里种植的黄瓜，年亩产2万多公斤，年产值15万元；一棵番茄树，树冠60平方米，挂果采摘期2年，亩产2万多公斤，总产值14万元。2007年4月，花园村的这棵"番茄树"，荣登首批浙江农业吉尼斯纪录榜。园内连栋大棚"西瓜+萝卜+黄瓜"种植，亩产值达到2.8万元。为了发展高效现代设施农业，花园村用农业龙头企业反哺的形式，将该村1200亩土地进行流转：花园农业公司从农民手中将土地流转过来，在土地上建设现代农业设施，又通过再承包的形式流转到农民手中，黄土地上的农民都变成了产业工人。

花园集团有投资近400万元新建的玻璃温室，正处在生机勃勃的发展中。该玻璃温室引进了先进的WSBRE型技术，实现温室电脑自动化调控，运用高科技无土栽培技术培育黄瓜苗。该玻璃温室的建成并投入使用，标志着东阳市花园村投资2000万元进行的生态农业园区一期工程建设获得了新进展。花园村的生态农业观光园区占地350亩，其中一期工程主要以生产蔬菜和瓜果类高效无公害农产品为主。除已建成国内最先进的玻璃温室外，占地50余亩的连栋塑料薄膜温室正在兴建中。生态农业园区的建设，大大提高了当地农业生产水平和高新技术普及率，土地生产率每亩可达1.72万元，资源有效利用率达到了80%以上。每年可向市场提供优质蔬菜瓜果近400吨。另外，园区每年将培养农业技术人员100余人，接待游客观光上万人次，有力地促进了旅游观光业的发展。生态农业园区还可为社会提供近200人的就业机会，具有良好的社会效益。同时，花园集团生态农业园区通过高新技术的应用，在生产上采用综合防治技术防病虫害，采用科学配方合理施肥，严格控制农药和化肥用量，使农产品达到安全卫生，并且具有良好的生态效益。

发展高效农业需要强有力的科技力量依托。为此，花园村、花园集团与上海市农业科学院开展了广泛的技术合作。该院拥有园艺蔬菜、作物育种栽培、动植物引种、花卉等12个研究所，3个重点研究室，各类国内外先进精密分析仪器，数百名高级科研人员，为花园高效农业的发展提供了强大的技术支撑。同时，花园村人口密集，第三产业发达，每年都吸引了众多的游客前来参观游览，这为生态园区农副产品的销售提供了保障。

二、花园村新农村建设

（一）花园村人民

"花园人，福气好。少有教，老有靠。建房有补贴，生病有医保。上学有资助，年纪大了包养老……"在花园村流传着这样一首民间艺人手击鱼鼓的说唱词。花园村人都说："比我们有钱的农民可能很多，但比我们幸福的农民或许不多。"

在花园村，住宿有自己的"花园宾馆"，健身有自己的"泰山农民公园"，看报纸还有自己的《花园报》。住在这里的村民白天在花园村的企业上班，闲时可上超市购物，进舞厅跳舞，上图书馆看书，到宾馆打保龄球……住在这里，比城里生活还惬意。

花园村拥有完善的社会养老保障体系和医疗保险体系。每月10

日，60岁以上的村民都可以领到60元的生活补贴，每年可以领到700斤的粮食补贴，真正实现了"病有所医、老有所养"。

目前，花园村共有别墅160多幢，轿车130多辆，人均住房面积超过100个平方米，家家户户不是住上了楼房就是住上了别墅。花园职业技术学校和花园幼儿园里，在校的师生已达到1500多人；开创浙江村级生活污废水综合治理先河的污水处理厂，为所有村民免费收集、处理生活污水；村里的园林管理处和保洁队伍，为全村的环境绿化和卫生工作辛苦工作；村里人老早就不谈电灯电话，而是直接聊电脑与互联网，花园村是金华市的首个"信息化示范村"。

（二）花园村村庄

花园村村庄犹如她的名字一样，像花园，看着花园村优美的风景是一种享受，四车道绕村公路上，现代化企业一家挨着一家，有整齐规划的别墅群。村内有总长10.5公里连接九个小区的九条康庄大道，绿化面积达到10万多平方米。花园村始终重视生态环境保护，坚持不上高污染的项目，对工业企业产生的废气、污水、噪音进行有效治理，统一处理全村和企业的污水、废渣。为了美化、绿化家园，花园集团成立了园林管理处，建有苗木花卉基地80余亩。全村建有9个生态公厕，村里还成立了有16人的保洁队伍，负责全村的环境卫生、垃圾废渣处理。花园村营造了一个人与人、人与自然和谐的生活和工作环境。这里俨然是一座大花园：环村公路宽阔宜人，大街小巷干干净净，喷泉、花坛、草坪等点缀其间。

漫步花园村，整个村落楼房统一规划，工业区、生活区、行政区、教育区、娱乐区错落有致，合理紧凑。西侧是新建的生物高科技园区，不见烟尘，不闻噪声，只见白墙蓝边的现代厂房与科技研发大楼静静耸立。东侧是传统特色工业园区，服装公司、火腿食品公司、彩印公司、建筑公司一家连着一家。不经意间，喷水池、花坛、草坪、长廊所构成的小公园陆续进入视线，设施现代的幼儿园、星级宾馆一一出现，向人们传递一种信息：这里不是村庄，倒像现代化的小城镇。

三、花园村文化建设

东阳花园村在发展农村经济的同时，也没有忘记新农村的文化建设。他们采取政府推进和农民自发相结合的方式开展文化建设，取得的效果非常显著。主要表现在以下三个方面：

（一）构建了农村文化体系，发展了农村文化事业

东阳花园村将农村文化建设纳入农村社会总体发展规划，成立了由村主要领导任主任的社会文化工作委员会，协调指导全村的农村文化工作，组织和指导农村开展文化活动；健全村级群众团体和各种组织，建设农村文化大院。经过这样的努力，形成了村、公司联动文化网络体系，为农村文化建设提供了组织保证。东阳花园村将农村文化建设的任务细化、量化，作为村小组领导任期责任目标和干部考核的重要内容，做到奖惩兑现。各村小组把农村文化工作同农村干部的工资、奖金挂钩，实行文化工作与经济工作一起布置、一起检查、一起考核、一起验收，为推动农村文化建设提供了制度保证。

东阳花园村坚持两条腿走路，一方面建立了以政府投入为主的投资保障机制，每年从财政预算中划拨专项资金用于农村文化设施建设和活动经费支出，确保农村文化建设资金不低于当年财政总支出的2%；另一方面，积极探索市场化运作、多元化投入的新模式，鼓励、引导社会力量参与农村文化建设，为农村文化建设提供物质保障，其中大部分资金由花园集团以及其下属公司提供的。

（二）村和公司共同努力，完善了农村文化载体

东阳花园村坚持村和公司合作的方式，构建农民参加文化活动场所，搭建载体，充分发挥公司带头作用。近几年，东阳花园村投资3000多万元兴建的文化广场，占地5万平方米，月月有安排，周周有活动，节日不闲场，被浙江省省委宣传部评为"优秀文化广场"。

花园村构建了"两网、一院、一室"工作目标。"两网"是指有线电视网和远程教育网。东阳花园村高起点、高标准、高质量地

建设有线电视网,全村有线电视进村率达到100%,入户率达到96%。村里电视台还专门开办了农科频道,定期播放政策、农技、卫生保健等方面的节目。另外,充分利用远程教育网,在全村全部建起远程教育设施,实现资源共享、一网多用。"一院"是指在农村开展创建文化大院的活动。一到农闲季节,人们就自发地聚集到大院中来,看戏跳舞,打球下棋,吹拉弹唱。"一室"是指建立农村图书室,旨在倡导全民读书活动,设立家庭图书角,培养知识型农民,鼓励群众"少抽一盒烟,少喝一瓶酒,多买一本书,多学一点科学文化知识"。如今,花园村藏书超过5000册的图书室有40个,藏书500册以上的图书室有426个,总藏书量达220万册。

(三)经常开展文化活动,丰富农民生活

东阳花园村定期举办群众文化节、农民文艺汇演、农民运动会等大型文体活动,文化、妇联、体育等部门经常组织民间艺术展、家庭文化展、棋类比赛、"十佳文化大院""十佳图书馆""十佳藏书家"等系列创建活动。近几年组织的活动中,有20多个单位参与,200多个节目上演,1000多名演员登台。

东阳花园村根据"三下乡"要求,常年组织文化下乡活动,通过举办培训、现场咨询、发放资料、组织演出等形式,为农民送去科学技术、卫生知识和文艺节目。近十年来,共向农民送书3万多册,送戏、送电影250多场次,送普法材料1万余份,送药品、医疗器械折合人民币20多万元,为农民患者诊治1万余人次。让群众登台唱主角、当明星,鼓励农民自编自演。全村活跃在农村的文艺队伍有6个,常年参加各种文化活动的群众达到1000多人,涌现出"夕阳红文艺队""春晓文艺队"等一批水平高、阵容强的业余演出团体,在当地产生了广泛影响。

四、花园村"十二五"规划

花园村是全国社会主义新农村建设的楷模,但是花园人并没有停止前进的步伐,他们再接再厉,继续奋斗,准备在"十二五"期间争取取得更大的建设成果。

"十二五"期间,花园村将紧紧围绕"把花园村建设成为中国农村现代化的榜样,把花园集团打造成为国际化高科技企业"的发展愿景,以推进工业化为重点,以优化升级为主线,通过经济结构的调整,大力发展工业制造业、建筑房产业、贸易物流业、旅游服务业四大产业,逐步实现产业结构的科学化、规模化、效益化,推进花园经济全面、协调、可持续发展。花园计划在"十二五"期间投入50亿元,其中工业制造业投入30亿元。争取在"十二五"期末,实现"5123"工程:51即工业制造业销售收入达到100亿元;建筑、贸易等营业收入达到100亿元;集团净利润达到10亿元;销售收入1亿元以上企业达到10家;花园员工和村民人均收入达到10万元;23即销售收入10亿元以上企业达到3家,上市公司达到3家。

随着花园村各项事业的快速发展,花园村进入了一个崭新的发展时期。为实现大花园的总体目标,花园人坚持科学发展观,以"求实、创新、求强、共富"的花园精神为动力,高擎起中国现代化和谐新农村的旗帜,扎扎实实做大做强高科技产业,做大做活第三产业,做强做美花园村,致力于打造一个"科技花园、绿色花园、活力花园、和谐花园",力争把花园村建设成为中国农村现代化的榜样。

第四节 花园村发达致富秘诀

一、以工富农,以工强村

改革开放三十多年来,花园村以发展工业经济为突破口,走以工富农,以工强村之路,使花园村的综合实力不断增强。从蜡烛厂到服装厂、浙江花园集团公司成立,花园村党委书记邵钦祥带领花园村村民通过创办企业,最终使花园村成为闻名全国的名村。如今,花园集团已形成医药化工、纺织服装、房地产开发、火腿食品、木线木材、外贸出口、旅游休闲、商贸、教育等多元化发展格局,在高科技产业突飞猛进的同时,传统产业和新兴产业也在快速发展。这一路走来,花园人始终坚持"以工富农,以工强村"的发展理念,这一正确的方向带领花园人走上了村强民富的发展之路。

二、建设与生态并举,打造优美环境

早在1988年,花园村就制订了"合理布局、全面规划、整体拆建、分步实施"的新农村建设方案。花园村坚持村庄建设与生态环境一起抓,改善生态环境,做强做美花园村,打造"绿色花园",坚持建设到那里,绿化到那里。全村道路硬化、路灯亮化、环境绿化、卫生洁化、饮水净化,村内生活污水和生产废水由污水处理中心统一处理。村里有园艺公司和卫生保洁队,常年从事环境绿化和卫生保洁工作,村内绿树成荫、鸟语花香,池清水绿,呈现了人与自然的和谐相处。花园村业已形成中华百村图、村官林、56个民族风情文化园、佛教文化园等休闲度假旅游圈,构建了花园农业生态园、健身休闲公园、吉祥湖音乐喷泉和水幕电影、泰山乐园以及学生社会实践基地等庞大生态旅游观光区。花园村先后被评为"全国绿化模范单位"和"省绿化示范村"。

三、推进文化建设,培育新型农民

一直以来,花园村努力打造先进花园文化,大力推进农村教育、科技、文化、卫生等社会事业的发展,创办了花园职业技术学校、花园党校和花园幼儿园,成立了秧歌队、腰鼓队、舞龙队、篮球队、健身队等。经常性地举办文艺晚会和文体活动,每年举办一次大型体育运动会。编制"花园村民读本"和体现花园精神的《花园之歌》,编辑出版《花园报》,每年开展内容丰富的主题大讨论。开展"五好文明家庭"的评比,推进文明乡风、民风、家风的形成,为培养和造就一代新型农民创造了条件。花园村还建立了社会治安治理办公室、消防中队、治安联防队和外来人员服务站,为营造和谐稳定的治安环境和保障治安和消防安全作出了重要贡献。

花园村重视对村民的教育和培训,大力推进文明乡风,致力构建和谐社会,使党群关系,干群关系得到了很大改善,在全花园范围内营造了"身在花园爱花园,花园繁荣我光荣"的良好氛围。

四、加强领导建设,倡导奉献公平

花园村坚持倡导无私奉献精神,推行"公正、公平、公开"的办事原则。花园村党委坚持科学执政、民主执政、依法执政,凡重大决策,都由集体讨论决定,力求做到决策民主化、科学化和制度化。坚持财务公开制度,设立意见箱和财务公告栏,接受群众监督。以花园党校为阵地,坚持半月一次的党员学习制度,一月一次的党员会议,充分发挥党组织的战斗堡垒作用和党员的先锋模范作用。花园村党委积极支持妇联、老年协会、团支部、民兵连的工作,使他们发挥应有的作用。正是花园村坚持实现和维护广大村民的利益,才营造了一个人与人、人与自然、人与社会和谐的社会环境。正是强有力的党组织建设,高素质的党员表率,坚强务实的花园村领导班子,才使花园村实现了经济快速发展和村民共同富裕。

五、以民为本,为民谋利

花园村在经济发展的同时,也积极建立和健全医保、社保和养老等保障体系,使村民病有所医、老有所养。如今村内各项基础设施齐全,各项福利事业健全,包括养老保险、医疗保险、奖学金制度、免交电视收视费和电话月租费、特困补助等10多项福利待遇。全村男65周岁、女60周岁的老年人每人每月可领到200多元;村民子女考上高中、大学、研究生的给予3千元至2万元的奖励;村里的残疾人、困难户、大病患者,都可向村或集团申请补助;村民子女上花园技校和花园幼儿园全部实行50%的学杂费优惠;过年过节发放慰问金(券)。一系列的福利政策使广大村民尝到了新农村建设的成果,享受到了现代农村的魅力,感受到了新农村建设给他们带来的实惠。

第五章 中国改革第一村

——安徽省小岗村

第一节 小岗村简介

中国农村改革发源地——小岗村,位于凤阳县东部 25 公里处,距南洛高速凤阳出口 15 公里,享有"中国十大名村"、"安徽省历史文化名村"、"安徽省农家乐旅游示范点"等称号。

一、"大包干"与小岗村

在"大包干"以前,小岗村隶属于梨园公社,那时这里是一个相当贫困的小村庄,全村只有 20 户人家 100 多口人,是全县有名的穷困村,"吃粮靠返销,用钱靠救济,生产靠贷款",是当时最真实的写照。每年秋后,家家户户都要外出讨饭。全村没有一间砖瓦房,许多农户的茅草屋破烂不堪,家徒四壁,有的穷得全家只剩一床棉被。

穷则思变,1978 年冬,小岗村 18 位农民以"托孤"的方式,冒着生命危险在土地承包责任书上按下鲜红的手印,实施了"大包干"。这一"按"竟成了中国农村改革的第一份宣言,它改变了中国农村发展史,掀开了中国改革开放的序幕。自强不息的小岗人创造出了小岗村精神,那就是"自力更生的奋发图强精神,实事求是的和谐求真精神,敢为人先的突破创新精神"。小岗村也由普普通通的小村庄一跃而为中国农村改革第一村。

二、当今小岗村

安徽省"三农"问题专家陆子修曾指出,小岗村的状况就是中国中西部农村的缩影。当年一场"大包干",一心只想吃饱肚子的小岗人无意间创造了历史。但是,如果农民不能完成从自然经济条件下的小生产者向市场经济条件下商品生产者的历史性转变,如果不彻底破除城乡二元体制,实现以工补农、以城带乡,和小岗村一样的许多中西部农村也很难破解发展难题。

2004年,时代先锋、优秀共产党员、模范基层干部沈浩同志到小岗村任党委第一书记,带领全体党员、民众进行新的创业,小岗村又获得了飞跃式的发展。2006年,小岗村跻身2005年度"全国十大名村",2007年初,小岗村被授予安徽省乡村旅游示范点称号,一个美丽、和谐、富裕、文明的社会主义新小岗重新向世人展示着它独有的魅力。

自2004年来小岗村挂职后,沈浩一直坚持进行制度创新的探索。最为著名的当是小岗村的土地流转,"在不违反国家法律的前提下,积极推进土地流转,小岗村的集体经济将在未来有一个大的发展"。土地流转制度实行以后,国内外多家公司以土地流转为形式承包了大片土地,创造了巨大的经济效益。如美国GLG集团流转小岗村2000亩土地作为甜叶菊苗种基地,在凤阳县东部发展20万亩甜叶菊种植。该企业最终要在小岗村投资6亿元,2009年实现5亿元产值,最终年产值达到20亿元。广东一家蔬菜企业流转小岗村2000亩地种植出口蔬菜,最终要发展到1万亩。"天下一碗"米线食品企业在该村投资设厂,用小岗村的大米做米线。凤阳遥海集团与凤阳国家粮食储备库联合投资在小岗村做物流仓储,另外兼营粮油加工。除了上述4家签约企业,天津宝坻集团也准备在小岗村投资年产5万头良种猪繁育场,年产5万吨饲料厂,大型沼气发电站。

小岗村通过现代农业企业的进入与发展,大部分村民逐渐转变为现代农业产业工人,村民就业解决了,收入也增加了,精神面貌文化素质都得到很大的提升。村民社保、教育、医疗随着集体经济的发展逐渐得到改善与保障。

第二节 小岗村再发展

凭着一连串鲜红的手印率先告别贫困饥饿的村庄,在震惊全国轰动世界后却沉寂多年。小岗村为什么未能一路向前,走向富裕?大包干解决了小岗村人的衣食问题,让小岗村人过了好几年好日子,但随后的十多年时间里,同样闻名全国的华西、大寨等名村的经济发展迅速,村民收入得以大幅提高,相比之下,小岗村的经济发展缓慢。2005年,小岗村人均收入3255元,仅是大寨村的60%,华西村的3%。近30年的发展,小岗村已经远远落后在众明星村的后面,让"敢于天下先"的小岗村人民再次思考起来,积极探索经济发展之路,小岗村在小岗村党委第一书记沈浩带领下,制定了振兴经济和社会发展"三步走"战略,确保该村从2003年起人均年收入逐年增加400元以上,随后小岗村终于打破了落后状况。

一、产业结构调整

在落后于众明星村很远时,小岗村有些人已经意识到"无工不富",光靠种自家的"一亩二分地"是永远追不上明星村的。因此,他们做出了调整产业结构,发展现代农业的决定。实施"凤还巢"和人才工程,利用在外务工经商的80多名"第二代小岗人"的人才、技术、信息和资金优势,大力推行现代农业。

首先,小岗村"两委"在小岗村党委的领导下,积极引导群众进行产业结构调整,努力发展生产,引导群众种植高效、高附加值的经济作物,大力发展现代农业。现在全村95%以上农户都种植了葡萄，总面积达 600 亩，品种主要是藤捻、夏黑等，亩均纯收入达 3000 多元。

其次，双孢菇种植规模逐年扩大。现在的双孢菇产业园始建于 2006 年，由 3 名科技学院大学生领建示范，带动村民种植。当年建 35 棚，占地 28 亩；2007 年发展到 159 棚，占地 150 亩，由 13 户大学生、18 户村民、5 户外来人员种植。园区分大学生创业园、村民创业园、外来人员创业园。产业园区内修沙石路面 8500 平方米，打深水井 2 口，建泵站一个，铺供水管道 4000 米，架低压线路一条，长 2600 米。总投资 200 多万元。这些基础设施的建设为创业者提供了一个良好的创业环境，也吸引着更多的人到小岗投资、创业。

同时，小岗村无公害大棚蔬菜示范园也正在积极筹建中。在龙头企业带动下，小岗村的养殖业也得到了迅速发展，计划养殖种鸡 150 万只，以龙虾为主的水产养殖面积已达 200 多亩。

经过几年的调整发展，小岗村打破了富裕线，逐渐形成了自己的特色产业结构，拥有了自己的工业园区，走出了自己的"发财"路。

二、旅游事业发展

2004 年，沈浩来到了小岗村，按他的旅游发展思路就是充分发挥小岗村独有的历史地位，开发红色旅游的优质资源，要打好红色旅游这张牌。这样，小岗村在以"纪念馆"带动旅游业的思路下发展了起来。

小岗村"大包干"纪念馆自 2005 年 6 月建成以来，已累计接待游客 5 万多人，实现门票收入 100 多万元。小岗村被省旅游局和省农委确定为滁州市唯一一个农家乐旅游示范村，还被列为省市县青少年教育基地。凤阳县把小岗村旅游列入旅游发展规划，与县内的皇陵、皇城、韭山洞等景点连线、捆绑推介。

小岗村在凤阳县委、县政府领导的关心和支持下，在有关部门的协助下，凤阳县文化旅游局、凤阳县旅游发展有限公司精心策划、量身打造,大力发展小岗村红色旅游景区建设。目前,小岗村已开发形成的旅游项目有:大包干纪念馆、当年农家、村文化广场、葡萄采摘园、蘑菇大棚和高效生态农业示范园等景点。

大包干纪念馆:建筑面积2600平方米,包括展览室、报告厅、门厅、餐厅和相关辅助设施。展览馆共分溯源、抉择、巨变、崛起、关爱等五大部分,全面介绍了大包干发生、发展的历程。

当年农家:人生就是一段记忆。当年农家,以保存完好的茅草房、瓦房、厨房、猪圈、牛棚、茅厕等组成的农家院落为载体,通过生产、生活用具等实物展示,再现了20世纪60~80年代生产、生活场景,使人们穿越时空,收藏时间,留住记忆。

葡萄园:小岗村的葡萄园也是村里一道亮丽的风景,这道风景是江苏张家港市长江村帮助打造的,是优质品种,当年种植,当年收获,年年增产。95%的农户都在种葡萄,平均每户4亩多,亩产收入约2000元,仅此一项,每户纯收入可达上万元。村的葡萄熟了,小岗人的心儿醉了。沈浩没有醉,他突然想到下一步棋——举办小岗村葡萄节。这的确是一步好棋,既是推销会,又是招商会,还能打造品牌,提高士气。从此,小岗村人有了自己的节日——小岗葡萄节。

村文化广场:包括雕塑、广场、紫藤长廊、邓塘、生态停车场,占地15600平方米,是村民休闲、娱乐和举办大型活动的场所。

蘑菇大棚(大学生创业园):首先是由3名安徽科技学院大学生到小岗村创业,而后吸引了众多大学生来到这里种植双孢菇。2007年,蘑菇大棚发展到了179棚、占地150亩,现已成为大学生的创业园基地。

三、工业园区建设

着力办好工业园,实现小岗村跨越发展。2004年年初,小岗村组建成立小岗村现代农业有限责任公司,打开了小岗村工业经济发展之门。小岗村大学生创业园、外来人员创业园等均初具规模。第二代小岗人通过招商引资先后办起了小岗面业、钢构厂、装饰材料厂、节能电器公司等工业企业。

目前，日产500吨面粉加工企业——小岗村粮油食品有限公司已在小岗工业园区完成一期2300万元的投资，现正在进行二期工程施工；大包干纯净水厂现已建成投产；村民严学金与亲戚合伙兴建新型PVCP阻燃材料厂总投资约300万元，预计年纯收入100万元以上，此项目正在施工中；投资800万元的小岗村复合板厂正在紧张施工；与此同时，有2个投资在500万元以上的企业在园区内落户，"美国GLG集团"、"从玉菜叶"、"瑶海"、"天下第一碗"四大企业也已在谈或落户小岗，村级集体经济力量在不断壮大。

第三节　小岗人的故事：四纸红手印

小岗村在1978年摁下了红手印揭开了中国改革开放的序幕，从而让她拥有了"中国改革第一村"的美誉，拥有了"敢为天下先"的称谓。经过了30年的发展，小岗村又摁下了三次红手印，这一次不是为了"地"，而是为了"人"，为了留下他们的好书记沈浩。

一、第一纸红手印：拉开农村改革的序幕

"我们分田到户，每户户主签字盖章，如以后能干，保证完成每户的全年上缴和公粮，不再伸手向国家要钱要粮；如不成，我们干部坐牢杀头也甘心……"

1978年，就是这个村庄，在一个寒风凛冽的冬夜，18户衣衫褴褛的农民，聚集在村头一间低矮破败的茅屋里，就着一盏昏黄的油灯，摁下红手印，共同起誓不怕杀头坐牢，将身家性命置之度外，瞒上不瞒下，瞒外不瞒内，把田地分到各家，搞起了包产到户，从而揭开了中国农村联产承包责任制的序幕。

当时，生产队队长严宏昌和小岗人都不可能知道，一个伟大的

改革开放的新时代正向他们走来了。尽管,"改革开放"这个词汇,要一个月后他们才会在中国共产党十一届三中全会的公报上看到。

谁能料想得到,轰然撬动中国并引发了一场惊天动地的伟大变革的杠杆的支点,会是在江淮大地这个最不起眼的小小村落呢?谁又能想到,在没有一个是中共党员的小岗生产队,1978年11月24日这天的晚上,小岗人以最古老的歃血为盟的形式召开的那个"秘密会议",将会载入中国的历史,乃至中共党史。

他们只是不愿再像过去那样生活了,他们只是为了不再去流浪,他们只是为了不再去乞讨,他们只是为了不再被饿死,他们没意识到,他们的这种破釜沉舟、义无反顾,是在"改革"。

大包干第一年,小岗村就发生了巨大变化。全队粮食总产13.3万斤,相当于1955年到1970年粮食产量的总和;油料总产3.5万斤,相当于过去20年产量的总和;人均收入400元,是上年22元的18倍,从而结束了小岗村20多年吃救济粮的历史。18枚红手印催生的家庭联产承包制,最终上升为我国农村的基本经营制度,从而彻底打破了"一大二公"的人民公社体制。从1978年底安徽省凤阳县小岗村生产队18户农民签订全国第一份包干到户合同起,以包产到户、包干到户等为主的责任制迅速在中国得以推广。1987年,全国有1.8亿农户实行了家庭联产承包为主的责任制,占全国农户总数的98%。

二、第二纸红手印:二十年终迈富裕坎

2004年,中共安徽省委决定选派一名优秀年轻干部到凤阳县小岗村挂职。安徽省财政厅干部沈浩主动报名前往。

"一朝越过温饱线,20年没进富裕门",有人用这句话形容小岗村。还有人用"偏、穷、乱、散"四个字描述小岗村:地处偏远,交通不便;2003年全村人均收入只有2300元,村集体欠债几万元;村里到处是柴垛、垃圾,环境差;缺乏一个团结的、有战斗力的领导核心。有人甚至对外派干部来小岗村有抵触情绪,提出"岗人治岗"。

"是啊！小岗肯定难搞，既然来了，还怕吗？要退缩吗？绝不！"沈浩在日记中写道，"要得到群众的信任和支持，就必须融入小岗，了解民意，踏踏实实干几件事，让村民了解自己、认识自己。"

为了从根本上扭转村民现有"不思发展"的思维，沈浩在两个月内，挨家挨户在小岗村108户人家中跑了两遍，给每一位村民灌输的只有一个理念：小岗村需要发展，只有发展才能致富。小岗群众普遍存在的"小富即安"甚至"不富也安"的思想，并不是一时半会就能根除的。为了尽快转变他们的这些思想，沈浩带着"大包干"带头人、村干部、村民代表一起赴华西村、耿庄、大寨、西沟村、南街村等名村取经。

沈浩进入小岗村后，干的第一件事就是修路。他积极向上级单位争取了50万元资金，将全村的男女老少组织起来，投工投劳，按劳取酬，自己修路，小岗村人人心劲高涨。修路的日子，沈浩天天泡在工地上，和大家一起撒石子、扛水泥、拌砂浆。一天傍晚，沈浩和村干部来到工地。看到刚刚运来的水泥浆卸在地上，找不到铁锹，沈浩就用双手把水泥浆捧到路基里，全身都是泥，手还被灼伤。村里人叹服：这个沈书记人实在，不是来图虚名的。最终这条被命名为友谊大道的水泥路，以高质量、低费用完成了，节约了近一半的资金。

自从沈浩进入小岗村以来，他夜夜面对孤灯，深思到半夜，构思着小岗的未来蓝图，在经过两委班子的反复讨论，最终确立了结合小岗村的实际情况的四个发展方向：调整产业结构，发展现代农业；加快相关设施建设，发展旅游业；改善基础设施条件，整地修路，打井通水，推塘筑坝；改善村容村貌，兴办现代农民学习班，摒弃陈规陋习。

为发展小岗的旅游业，沈浩做的第一件事就是筹建大包干纪念馆。摆在沈浩面前的最大困难是征地，征地工作的阻力有来自群众的利益方面的，认为补偿过低，不愿给地；有来自群众的愚昧思想的，认为纪念馆的建设动用的是村里的高地，施工就会破坏村里的风水。面对这些困难,沈浩不厌其烦,多次登门拜访,多次吃着群众的"闭门羹",面对群众的骂声与不理解,他不仅没有恼怒,反而总是笑眯眯的解释着建设纪念馆的好处,给村民仔细算着每笔账。他说:"等把大包干纪念馆建好,你们坐在家里就能赚钱,开个农家乐,卖个黑豆,肯定能发财!"经过几个月的思想工作,村民们终于为沈浩表述的美好前景动了心,大包干纪念馆在2004年10月破土动工了。2005年6月建成的大包干纪念馆正式对外开放。纪念馆开放后,吸引了成千上万的旅游客户,村民吴广德在沈浩的鼓励下率先做起了小买卖,卖些花生、黑豆等旅游小食品,每天净收入达到100多元。群众看到了甜头,都在大包干纪念馆附近做起小买卖。有的村民还建起了农家乐餐馆,旅游收入不断上升。小岗村一跃成为安徽省乃至全国的重要红色旅游景点。

　　沈浩的每项工作都成效明显,但他知道,小岗的长期稳定和发展需要有健全的依法治村的长效机制作为保证。在他的领导下,小岗村依次建立、健全了妇联、民兵、共青团、治保委员会等村委会配套机构,建规立制,实行党务、村务民主决策、民主管理、民主监督,及时开展村务公开。为提高村民的法律意识,他在村里定期举办法律讲座,普及宣传法律知识,并建立了矛盾纠纷排查调处机制,以便将村民之间的矛盾化解在萌芽阶段。沈浩还制定了小岗村的村规民约和村民道德规范,开展"文明户"、"好媳妇"、"好婆婆"等评选活动,强调邻里和睦、妯娌团结、孝敬父母,大力倡导文明新风尚。为了树立尊重知识、重视教育的良好风尚,沈浩积极鼓励村民培养教育好下一代,并在村里设立教育基金,村民孩子考上大学,专科奖励2000元,本科奖励3000元。随着深入的法制宣传,丰富的文化生活,健全的管理制度,小岗村的乡风文明在不断提高,小岗村团结和谐的风气逐渐形成。

　　2006年,小岗村人均收入超过5000元。"20年没跨进富裕坎"的瓶颈,在沈浩任职的第三年被突破。沈浩用三年的时间向党组织、向小岗人民交了一份满意答卷。但这个时候,与小岗人朝夕相处并为小岗村发展做出特殊贡献的沈浩,就要回省城了。从家庭考虑，他也应该尽快返回，年近九旬的老母亲望眼欲穿地盼他归来，辛劳的妻子多么渴望他回家团聚，女儿的学习十分需要父亲的点拨和照料。每想到这些，他恨不得插翅飞回合肥。然而，大包干带头人严金昌说："在沈书记完成三年选派任务前夕，我们就决定向组织建议把他留下来。"2006年底，98户农民像当年搞"大包干"那样，按下鲜红的手印，到省委选派办和省财政厅要求沈浩继续留在小岗村工作，带领大家再干三年。

面对小岗人庄重而珍贵的红手印，组织上很慎重，充分征求沈浩本人意见，沈浩十分矛盾，毕竟家里有很多困难，再干三年，感到对不住家人，家里也未必同意。但是，面对98颗鲜红的手印，面对组织的殷切期望，特别是小岗村刚刚步入发展的正轨，他实在难以割舍。经过痛苦抉择，沈浩决定为了"小岗"，牺牲"小家"。他说："在小岗待了三年，习惯了。再留几年，与大伙儿再努力干几年，小岗村未来发展的基础应该更扎实。"

小岗村第二纸红手印，不是动天地的变革创新，只是为了留住一个年轻的干部……

三、第三纸红手印：小岗在改革中发力

如果说沈浩在小岗挂职的头三年是突破"20年没跨进富裕坎"的瓶颈的三年，那么接下来挂职的三年，则是沈浩带领小岗人民继续深化改革，突破发展的三年。

在沈浩的带领下，小岗开始探索土地承包经营权流转，实行规模经营。沈浩的想法是把土地集中起来，以安徽省凤阳县小岗村发展合作社为龙头，整合资源搞适度规模经营。但作为农村改革的试验田，过去小岗村以大包干而著名，现在搞土地承包经营权流转是否意味着否定了以前的成绩？一些人的质疑和不理解，让沈浩担负着巨大压力。

为了小岗的大发展，他必须顶住压力。沈浩说："过去分田搞大包干是改革，现在搞土地承包经营权流转也是改革，都是顺应时代发展的趋势！""30年前的分田单干，只能保证肚子问题，在今

天根本不能致富。因为单个家庭的生产方式投入产出比低，风险抵抗能力差，农业产出效率低。只有全村一盘棋，搞现代农业，小岗才能大发展"。

"以家庭承包经营为基础、统分结合的双层经营体制是党的农村政策的基石，不仅现有土地承包关系要保持稳定并长久不变，还要赋予农民更加充分而有保障的土地承包经营权。同时，要根据农民的意愿，允许农民以多种形式流转土地承包经营权，发展适度规模经营。"正是这个时候，总书记在小岗村的一席话给农民吃了"定心丸"，也让沈浩心里敞亮多了。

为优化资源，他引导农民把土地以每亩500元的价格租出去，并建立起土地承包经营权流转中心，有3000多亩土地承包经营权实现流转，土地的收益大幅度提高。大包干带头人关友江介绍，正是加快土地承包经营权流转步伐，保证了招商引资企业的顺利进驻，让小岗村的土地焕发出新的活力。

一座现代化养猪场在小岗村建起后，这里饲养的高山特色风味猪，直接销到上海等地的大型超市，价格是普通猪肉的两倍。土地流转的农户，除去一年每亩地500元的租金，还在养猪场干活，挣劳务工资，再加上年终分红，一年的收入比过去翻了好几倍。尝到土地流转甜头的小岗人，开始支持土地流转。此后，小岗村的土地流转、规模经营，势如破竹。两年内，小岗村1800亩耕地已有600余亩实现流转，村里发展起粮食、葡萄规模种植以及双孢菇产业、甜叶菊种植基地等一系列现代农业。

农村要发展，必须突破"缺人才，缺思路，缺资金，缺项目，缺技术"的瓶颈。在沈浩的动员下，2006年5月，安徽科技学院王中华、苗娟、周盘龙3名大学生来到了小岗创业。创业第一年，他们只有3个人，搭建了35个大棚，现在已经发展成为179个大棚了，前来就业的大学生达到13人，年产双孢菇可达180万斤，产值高达150多万元。双孢菇已经成为村里的支柱产业之一。

2008年9月30日，胡锦涛总书记来到小岗村实地考察农村改革发展情况。总书记视察小岗村后，对小岗村的变化给予了充分肯定,对小岗村的改革发展提出了殷切希望,这激发了小岗村更大的发展热情。当得知沈浩是由村民自发按手印留下来连任已干了5年时,总书记连声说好,并勉励他:"群众拥护你,这是对你最大的褒奖!"面对总书记的肯定和鼓励,沈浩激动得难以自禁,更坚定了扎根小岗的决心。沈浩开始了小岗村历史上前所未有的大规模招商引资,吸引民间资金,发展现代农业。先后引进美国GLG集团到村发展甜菊糖生产加工,建设2000亩甜叶菊育种基地等十多个项目;引进从玉投资发展有限公司到村建设1万亩现代蔬菜生产基地;引进深圳普朗特集团到村建设生态农业园;引进"天下一碗"米线食品企业到村投资设厂;引进凤阳瑶海集团与凤阳国家粮食储备库联合投资到村发展物流仓储和粮油加工。

2008年,小岗村农民人均收入达到6600元,高出凤阳县农民人均水平2000多元,比安徽省人均水平高出39%,是沈浩初到小岗村的3倍。到2009年12月,沈浩在小岗村第二个任期就要结束了。越临近这个时间,小岗村民心情越矛盾,想继续挽留他,但考虑他长期远离家庭又于心不忍,为了小岗村的发展,他们还是再次按下186颗红手印……在沈浩去世的三天前,大包干带头人严金昌对他说:"沈书记,现在三年又到期了,我们还想留你再干三年。"沈浩笑着说:"我不走了,永远在小岗干了。"说到这,严金昌老泪纵横:"没想到他真的永远留在了小岗。"沈浩的哥哥沈明儒说:"沈浩中秋节回家时跟我讲,'小岗的发展已迈上了快车道,如果组织要我再留下,我一定愿意带领小岗人民再大干几年,把农村改革第一村建设成全国的强村、富村!'"

红手印,还是红手印!186位小岗人留住了他们致富的领路人。

四、第四纸红手印:永远的怀念

"一个人活在世上,官是当不到头的,钱也是难以挣尽的。能让小岗村的父老乡亲过上好日子,是我最大的幸福!"这是沈浩日记里的话。沈浩的辛劳付出也得到了多方面的认可:沈浩在小岗村工作期间,先后荣获全国农村基层干部"十大新闻人物"特别奖、安徽省

第二批选派干部标兵、安徽省改革开放"三十人三十事"先进个人、"全国百名优秀村官"等荣誉称号、2009年感动中国人物。

2009年5月13日，沈浩受江苏大学党委的邀请，为即将奔赴农村第一线的200多名大学生村官和在校大学生作报告。他用在小岗村当书记的切身经历和小岗村新的发展蓝图告诉大学生，扎根农村广阔天地大有可为。他的演讲为大学生树立新的就业创业观念，树立正确的人生观、价值观提供了有益的启示。谈起扎根小岗村6年的生活经历，他用"为伊消得人憔悴，衣带渐宽终不悔"结束了演讲，全场爆发出经久不息的掌声。在和同学们互动交流时，一位同学问："是什么信念让你在艰苦的农村坚持6年？"他回答："一个共产党员的责任和对那片土地的热爱！"接着又有人问："您作为一个九旬老人的儿子，一个中年妇女的丈夫，一个年少女儿的父亲，离家6年于不顾，你如何理解忠与孝？家庭责任和社会责任？"沈浩一直面带笑容的脸一下子沉了下来，眼睛湿润了，报告厅的气氛变得十分凝重。停顿了几十秒后，他哽咽着说："是呀，我对得起小岗村，但我对不起家人。自古忠孝难两全，等我工作结束了，回到合肥我再加倍地偿还。"

在小岗，哪里有困难，沈浩就会走到那里去。69岁高龄的五保户韩庆江房屋漏雨，沈浩带领建筑队给他修缮房屋，发现他哮喘病犯了，立即把他送往小溪河镇医院，并给医院捎话说，花多少钱都由我来结账。韩庆江出院后，沈浩又在村里给他找了一份门卫工作，月薪能拿到500元，再加上沈浩为他申请的"五保户"补贴，月收入达到上千元，虽然还不算富裕，可他已经是心满意足了。困难户韩德国的孙子刚出世，母乳不够，家里又买不起奶粉，沈浩掏出1000元钱送去。关友林全家6口人，4人有残疾，沈浩逢年过节都要送去慰问金和年货。沈浩住的那间十几平方米的小屋，床头贴着村民联系电话。大门从不上锁，谁都能推门而入。"村里的大事小情、百姓疾苦他都知道。"房东说。"这样的干部我们觉得可靠，很难找！""大包干"带头人严俊昌道出了小岗人的心声。

沈浩的付出也换回了小岗人爹娘般的情。2007年除夕一早，沈浩一开门,大包干带头人关廷珠的遗孀邱世兰坐在他屋前。大娘哆哆嗦嗦地说:"沈书记,去我家吃年饭吧。二十多年了,我是头一回请村干部吃饭,不去吃可不行。"面对大娘浑浊老眼里流露的一片真情,沈浩去了。6年过了5个春节,他有3次在小岗吃的年饭。80多岁的老人端着酒杯对沈浩说:"你在这里干得太不容易了,你给我们带来了这么大的变化,我请你吃顿年饭就是想表达一下我这个80多岁老太婆的心意。"沈浩热泪盈眶,端起酒杯一干而尽。不大会儿,四邻的乡亲们都赶来了,有的提着腊肉,有的捧着点心,还有的拿来了鸡蛋、苹果,一个劲地往沈浩手里塞……

对小岗村党委书记金乔来说,没陪沈浩到县城体检,恐怕是今生最大的憾事。

沈浩在去世前的10多天问金乔:"你爱人在县城医院哪个科室工作?""我说是做B超的,他摸摸胸口说最近这儿总有点不舒服,哪天请弟妹帮着检查检查。"金乔回忆着。

"心力疲倦、口干舌燥、浑身无力、特别累……"这些词在沈浩的日记里频繁出现。字里行间,透露着他的体力早已严重透支……

2009年11月5日上午,沈浩陪同来小岗考察的三批客人。中午,略饮薄酒。下午三点多,累了几天的沈浩对金乔说:"我回去睡会儿。"然而,沈浩就这样沉沉地睡去了,再也没有醒来。沈浩是从小岗村他租住了6年的民房里离去的,他走的时候身边没有一个亲人,看到这悲凉的场景,让人感到心碎。

一座上足了发条、从不歇息的钟,停摆了。

沈浩真的走了,永远地走了,小岗人的心也被牵走了。

"让沈书记留下吧!"肝肠寸断的小岗人这次下了决心。

11月7日夜,小岗无人入睡,一纸请愿书默默地在一双又一双手中传递,洒满泪水的纸上,再一次摁下了一个又一个红手印,"请让我们的沈书记永远留在小岗……"

沈浩永远留在了小岗村。他短暂而绚丽的生命火焰,让这片厚重的土地迸发出一个时代的传奇。红手印便是对他最大的褒奖。

第六章 京郊建筑之乡
——韩村河

第一节 韩村河镇概述

一、地理位置

韩村河镇位于北京市房山区西南部,是北京市33个中心镇之一,总面积112平方公里。下辖27个行政村,3.9万人,是京郊著名的建筑之乡。2001年被中宣部、中央文明办等五部委评为全国"创建文明小城镇示范点"。镇政府距区政府约22公里,距北京市市区约47公里,韩村河镇北与石楼镇、周口店镇相连,东接琉璃河镇,南与河北省涿州市和长沟镇毗邻,西与大石窝镇、张坊镇、霞云岭乡接壤。境内京保路、京石高速、京九铁路在东侧穿过,房易路、京原铁路、107国道、双郑路穿镇而过,岳李路、岳圣路横贯东西,917路公共汽车直通北京,交通十分发达。

二、行政区划

韩村河镇共辖1个社区、27个村委会。主要包括:韩村河大自然新城社区、东营村、赵各庄村、西营村、小次洛村、韩村河村、西东村、曹章村、七贤村、潘家庄村、郑庄村、崇义村、五侯村、岳各庄村、尤家坟村、东南章村、西南章村、龙门口村、二龙岗村、皇后台村、天开村、东周各庄村、西周各庄村、上中院村、下中院村、孤山口村、圣水峪村和罗家峪村。

三、经济状况

全镇经济以粮食生产为主，兼顾多种经营。各种产业并存，并已发展为多元化、产业化。农业以韩村河高科技蔬菜园区和各具特色的养殖小区为主导，实现了生产的规模化和经营的产业化。圣水峪、太湖的香椿在全区享有盛名。建筑业以国家特一级建筑企业"韩建集团"为代表，凭借其雄厚的实力和快速发展的势头，始终占据着全镇经济的支柱地位，并发挥着巨大的带动建材业发展的作用。旅游业以全国乃至世界知名的小康村"韩村河村"为代表，以"韩村河3A级文明旅游景村"和国家级"上方山国家森林公园"为中心，辐射天开辽塔、皇后台伊桑阿墓等众多名胜古迹，构成了得天独厚的旅游资源。

全镇有镇办企业5家，村办企业8家，私营个体1739家。2007年，农村经济营业总收入完成近26亿元，乡镇企业总收入完成25.3亿元，乡镇企业实现利润1.46亿元。

在韩村河镇的经济结构中，农业在全镇的社会总产值中所占比例很小，而一直居于主导地位的是工业和建筑业。2007年工业及建筑业总收入达到23.7亿元，工业总产值达到5.21亿元，建筑业总收入占到总收入的74.4%。以韩建集团为代表的建筑业，发展十分迅速，目前已发展为拥有22个工程分公司，10个直属公司，12个子公司和100多个工程项目部，业务范围包括建筑设计、房地产开发、装饰装潢、市政工程、水利水电等10多个门类的国家特级资质大型企业集团。

2008年，韩村河人均年收入加福利达3万多元，人均住房面积68平方米，村民最低生活保障线为每人每年3000元，实现了住有所居、劳有所得、学有所教、病有所医、老有所养、闲有所乐。

四、韩建集团

北京韩建集团有限公司是国家特级资质的大型建筑企业，始创于1978年10月。韩建集团励精图治，艰苦创业，经过多年在市场经济中的磨炼与拼搏，已实现了人才社会化、产业多元化、管理科学化。形成了以房地产开发为龙头、以房屋建筑、水利水电、公路、市政工程为总承包以及专业承包的全面施工和新型建材、PCCP管材、园林绿化为龙身，以三产和海外公司为依托的科学化、多元化、国内国际化的大型企业集团。目前已拥有22个下属分公司、10个直属公司、12个子公司和100多个工程项目部。年开复工面积300万平方米，最高年创产值64亿元，实现利税4.7亿元，现有总资产80亿元，集团净资产50亿元，银行信用等级为AAA级，各家银行授信贷款额度共为16亿元。"韩建"商标被评为北京市著名商标，集团连续多年被评为全国、相关部委及市、区模范集体和先进、明星企业，先后获得了全国优秀施工企业、全国建筑业诚信企业、全国守合同重信用企业、全国工程建设质量管理优秀企业、全国工程建设优秀QC成果奖等荣誉。连续获得了鲁班奖、国优工程、国家样板、市优金杯奖、银杯奖、结构长城杯、竣工长城杯、市区级优质工程150多项，创出市区级安全文明工地240多个，创出70多项国家和市级优秀QC管理成果奖。

北京韩建集团建立了一整套质量保证体系，现已通过了ISO9001：2000质量体系标准、ISO14001：1996环境管理体系标准的监督审核和GB/T28001—2001职业健康安全管理体系的认证审核，成为三标一体企业，使企业管理实现了科学化、规范化和现代化。

北京韩建集团现有房屋建筑工程施工总承包特级资质，市政和水利水电总承包壹级资质，地基与基础、建筑装修装饰、园林古建、钢结构、机电设备安装等五个专业承包壹级资质和房地产开发二级资质，并取得了海外工程总承包资格证书。4米直径的PCCP管材为全国首创，为南水北调工程做出了卓越贡献。

经过发展，韩建集团目前拥有：高级工程师86名；工程师、经济师、会计师和统计师等共计 800 名；技术人员 2800 名；项目经理 260 名，其中一级项目经理 96 名；国家注册建造师 125 名，其中一级注册建造师 55 名；固定管理人员 6000 名，其中大专以上文化程度 3600 名。韩建集团以其雄厚的技术力量，多年来接连建成了新岚大厦、金伦大厦、民航计算机大楼、京瑞大楼、司法部办公大楼、中联部办公楼、CEC 大厦、北京市高级人民法院、北京市劳动力市场业务用房、房山区公、检、法办公楼、房山区政府办公大楼、中国电影博物馆、芦城曲棍球馆以及奥运工程——石景山篮球体育场馆改造工程等一大批具有代表性、科技含量高的形象建筑工程。

第二节 自然特征及自然资源

一、自然特征

（一）地形地貌

韩村河镇位于房山区西南部，地处太行山山脉。地势西北高东南低，依次为山区、丘陵、平原，各占 1/3 用地面积。最高点为降蓬山，海拔 808.3 米，最低点在潘家庄，海拔 31.2 米。地貌类型多样，山场面积广阔。土壤主要为褐土、淋溶性褐土、碳酸褐土，东部平原为土质深厚的壤质褐土。土质优良，保肥、保水能力强。

（二）气候

韩村河镇属暖温带半湿润季风型大陆气候。年平均气温在 11℃。年平均降水量为 635 毫米，夏季多雨，降水量占全年的 76%。年平均无霜期为 185 天，日照时数为 2800 小时，年日照百分率为 62%。冬春多偏西北风、北风，夏秋多偏南风，年平均风速 3.5 米/秒。

（三）河流水系

境内河流主要为挟括河（上游为牤牛河、瓦井河），自西向东流经全镇域后注入琉璃河镇境内的大石河。镇域地表水、地下水较为丰富，水质较好，地表水储量为 6000 万立方米，地下水资源储量600亿立方米。有天开水库和龙门口水库等中小型水库两座。天开水库为中型水库，位于天开村西北部，控制流域面积48.5平方公里，总库容1475万立方米，防洪库容1135万立方米，坝长250米，最大坝高24.5米；龙门水库为小型水库，位于龙门口村西，控制流域面积30平方公里，总库容500万立方米，水库按照10年一遇标准设计，坝顶高程105米。

二、自然资源

（一）旅游资源

韩村河镇境内旅游资源极为丰富，主要景区有上方山国家森林公园、龙门生态园、韩村河旅游景村等。其中，上方山景区面积为353.3公顷，位于镇域西北端。自古为我国北方自然、地质、佛教文化名山，属太行山余脉，大房山支脉，最高峰紫金岭海拔860米，上方山国家森林公园为全国二十家重点示范国家森林公园之一。上方山景区有九洞十二峰，72座茅庵，其兜率寺为千年古刹，云水洞中的石笋——通天柱为亚洲最高石笋，旱龙潭天坑是我国三大天坑之一，为北方首次发现。龙门生态园景区有龙门口水库、伊桑阿墓、天开塔等文物古迹。韩村河旅游景村资质为国家3A级，是著名的京郊第一村、乡村都市、青少年德育教育基地。

（二）野生动植物资源

韩村河镇野生动植物资源较为丰富，其中以上方山景区最为明显。该地区拥有具有上方山三宝之称的香椿、黄精、拐枣等200多种珍稀植物、名木古树，上方山香椿为御用佳品，有上百种可供食用的山野菜及黄精、柴胡、远志、至母等名贵药材，种类之繁多，堪称华北之最。此外，还有松鼠、枭等50多种珍贵野生动物。

（三）矿产资源

韩村河镇的矿产资源较丰富，但是储量较低，主要分布在西南部与长沟镇接壤地带，矿种以白云石为主。有白云石、大理石、石灰石、页岩石等10余种，以页岩储量最为丰富，达到5000多万吨。

（四）土地资源

韩村河镇总面积为 112 平方公里，其中耕地面积 32.3 平方公里，林地面积 35.8 平方公里，还拥有 20000 多亩草场。

（五）林果资源

韩村河镇拥有果园 4000 多亩，经济林 10000 多亩，有柿子、桃、梨、苹果等 20 多种干鲜果品。

（六）水资源

韩村河镇的地表水及地下水储量丰富，地表水主要包括龙门口水库和韩村河千秋湖的储水，总量达到 600 万立方米，地下水储量为 600 亿立方米。

第三节　历史沿革

韩村河镇是 2002 年 1 月根据房山区行政区划调整，由原韩村河镇和岳各庄镇合并建立的。

原岳各庄镇的历史沿革为：1953 成立互助组，1955 年成立初级农业生产合作社，1956 年成立高级农业生产合作社，1958 年并为长沟人民公社，1960 年成立五侯人民公社和天开人民公社，1964 年五侯、天开两公社合并为岳各庄人民公社，1983 年改为岳各庄乡，2000 改为岳各庄镇。1958 年属周口店地区，1960 年属房山县，1987 年属房山区。

原韩村河镇历史沿革为：1961 年从长沟人民公社划出，成立赵各庄人民公社，1980 年更名为东营乡，2000 年更名为韩村河镇。

第四节　著名旅游景点介绍

一、上方山国家森林公园

（一）得天独厚的生态资源

上方山茫茫林海,峰峦叠嶂,有水皆清,万壑鸟鸣。山花烂漫的上方春色,苍翠欲滴的上方夏日,红叶满山的上方秋色,雪披松柏的上方银裹,构成了变幻无穷的森林景观。5300多亩的原始次生林孕育了北京地区最大的名木古树群,公园内共有一级古树51株,二级古树4000余株。其中以松树王、柏树王、槐树王、银杏王为首的四大千年树王各显风姿,各领风骚。上方山是森林的世界、植物的王国。330公顷的林地内共有植物103科,363属,645种,我国特有以及北京地区首次发现的多种植物在上方山均有分布。其中香椿、黄精、拐枣被称为上方山"三宝",载誉北方,闻名久远。上方山负氧离子浓度为一般空气中的8倍,有"天然氧吧"之美誉。穿梭于山林之间的野生猴群,更为这片秀美的山林增添了几分生机和灵气。远离都市的喧嚣,来到寂静、秀美的森林和花丛中登山、健身、吸氧、洗肺,即能充分享受人与自然的和谐相处,又能在不知不觉中收到强身健体、治病怡神的功效。

(二)丰富独特的岩溶地貌

上方山古洞众多,最称奇的有九洞,皆天然形成,这些古洞各具形态,令人叹为观止。九洞之首为云水洞,是我国华北地区最早开放的溶洞,素有"幽燕奥室"之称。早在1400多年前,云水洞便有僧人的行迹。洞内108处景观皆为历代僧人命名而成,凝结着历代僧人的智慧,是上方山历史文化的结晶,使云水洞成为一座名副其实的历史文化名洞。云水洞内各种岩溶沉积物种类齐全,形态各异。由钟乳石、石笋、石柱、石幔形成的天然景观栩栩如生,惟妙惟肖,令游人目不暇接。第二大厅中高达38米的石笋,被誉为"擎天柱",居亚洲第一,世界第三。洞中的石钟、石鼓、石琴能够敲击出悦耳动听的音乐,令游人在惊叹中感叹大自然的鬼斧神工。

上方山"天坑"是园内又一独特的岩溶地貌,是继广西、重庆"天坑"之后在我国北方首次发现,坑底部生长着多种植物,并发现了古代多种动植物化石,具有较高的科研价值和旅游探险价值。

上方山群峰耸秀,变化万千。苍翠的峰峦,形成一个林帐掩映的山环。古往今来,上方山奇峰独得世人青睐,善诗者歌之,能文者赋之,喜言者传之,形成了上方山十二峰的名胜。

(三)千载传承的佛教源流

天下名山僧占尽。早在1400多年前的东魏时期,上方山就有高僧来此开山建寺。一千多来,上方山更替了一幕幕繁华,成为北京西南著名的佛教名山,佛教圣地。上方山现有寺庵及遗址72座,其中最著名的是始建于隋代的兜率寺。五进殿宇居山正中,群峰环拱,诸庵翼附,甚为雄伟。雕刻于大殿后墙石壁上的《佛说四十二章经》,归纳了佛经中的四十二段语录,是佛经中的精髓。修葺于明代的古云梯有262级,开凿于岩壁之上,拾阶而上,仿佛进入云霄,极为险峻。上方山拥有华北地区最大的古塔群,54座古塔占北京市古塔总数的1/4。走进上方山,展现给您的将是一幅生动的佛教文化的历史画卷。

二、龙门生态园

韩村河龙门农业生态观光园位于北京房山区中南部,韩村河镇西部,经京石高速公路琉璃河出口向西10分钟即可到达,或经京张公路岳各庄车站向西500米即可见大门。

韩村河龙门农业生态观光园依山傍水,现已建成餐厅、农业培训中心、洗浴中心、客房及相应的配套设施。在山坡上和水库周围栽种了桃、杏、枣、核桃、柿子、梨等20万株果树,供游客采摘。

园区在餐饮方面以环保生态的理念为主,充分发挥西部山区饮食资源的特殊优势,如水库的鱼虾、上方山的香椿、罗家峪的白薯等。设有高中低档客房200套,可供300多人住宿。综合楼设有超市,前来生态园的游客可方便买到各种物品。洗浴中心设有桑拿房,韩式、泰式保健、足疗、刮痧等保健项目。

龙门口水库经两年的清淤工作,现可进行划船等水上项目,水库东北角有假山和五彩喷泉,另设钓鱼区和游泳区。修复了始建隋唐现存为辽代的天开舍利塔。

园区日接待游客1万人左右,年营业收入可达1080万元,上缴营业税及附加税可达60万元,直接解决劳动力就业300人,间接带动劳动力就业700人。园区配备了符合环保标准的污水处理设施和生活垃圾处理设施。

三、京畿奇境圣水峪

在中国大陆苍莽绵延的太行山东麓、风光旖旎的上方山脚下，有一个宁静而美丽的村庄，这就是闻名京郊的圣水峪村。

圣水峪村海拔约194米，总面积4万亩，常住人口400多户，1200多人。该村因地近汉唐以来佛教圣地上方山，为牤牛河谷上游，故得名。该村1983年设村民委员会，驻地圣水峪，辖圣水峪、老山、大什锦塔、上太湖、下太湖、斗圈、华云寺、滑尖、上苇子铺、下苇子铺、五眼井、南岭12个自然村。其中，上太湖村海拔约736米，自清代成村，但"太湖"之名始见于辽代，当因山间有天然湖泊而得名；五眼井村址海拔约70米，清代以后成村，因地下水源缺乏，曾一连打五眼井皆不见水，村因以得名五眼井，也有人称其为"温井"。

圣水峪村旅游资源丰富，山场辽阔，东有上方山，西有海拔1050米的白云坨，南有太湖松岑，北有奇峰峻岭、古木参差的凤凰山，内有北寨沟、华严寺、清无寺等旧庙址及清银沟大瀑布。另外，可自东向西还可游览一斗泉、五眼井、红叶山等景点。

村东是以"山奇、林密、洞幽、寺古"享誉国内的上方山国家森林公园。公园占地350多公顷，珍木奇花遍布，黄精、拐枣、香椿为上方山三大特产。上方山是宗教名山，登262级绝壁凿石而成的"云梯"便可到各寺庵之心、方丈住处"兜率寺"。该山以"九洞十二峰七十二茅庵"著称，最著名的是"云水洞"。洞中有108个自然景观，"擎天玉柱"高37米，为中国第一大石笋。12座山峰神奇俊秀，摘星坨是上方山最高山峰，海拔860米。其他景点还有"望海庵"、"藏经阁"等几十处。

白云坨位于圣水峪村西侧，海拔1056米，东与上方山相望，南临云居寺。每逢阴雨天，山中云遮雾绕。游人如若穿过云层，站在山顶，仿佛站在云端。俯望山下，可见稀稀落落的村庄散落在半山腰上，蜿蜒小路纵横其中，仿似置身于陶渊明笔下的世外桃源，无人烦扰之处。让人不禁想起"土地平旷，屋舍俨然，有良田美池桑竹之属。阡陌交通，鸡犬相闻。其中往来种作，男女衣着，悉如外人。黄发垂髫，并怡然自乐"之境。

南部太湖地区出产被称为"上方山三宝"之一的上方山太湖香椿。此处出产的香椿历代有名，曾被奉为贡品。庄子《逍遥游》中有："上古有椿树，以八千岁为春，八千岁为秋"喻之长寿。清代《上方志》曰："椿乃上方土物，各坡有树，甚高大，三、四月采淹为小菜，甚美，城中人每争送之。"另外，据说太湖香椿还曾受到邓小平同志的称赞。

凤凰山内野趣天成：青山绿水，蓝天白云、层峦叠翠、密林曲径，奇花异草遍及山野，具有良好的生态环境。该景点三季有花，四季有景，是春游踏青，夏令避暑，秋季采摘，冬观雪景的胜地。

华严寺建于东汉，有两千多年历史，相传开山祖师华严禅师曾住于此；兜率寺为众寺庵之首，建于隋唐时代，院内有经幢、碑刻、壁画等文物珍品可览。

近几年来，随着周边旅游资源的开发，圣水峪村正逐渐成为野营探险、休闲度假、民俗旅游的好去处。

第五节　韩村河旅游景村

一、韩村河旅游景村

韩村河旅游景村位于房山区韩村河镇，距北京市区约40公里，是集浏览、观光、会务、休闲、度假为一体的"乡村都市旅游景村"，总面积2.4平方公里，现有村民910户，2712人。2003年被评为市级民俗旅游村，民俗旅游接待户175户，其中，市级民俗旅游接待户31个，日接待量500—1000人次。韩村河是国家AAA级旅游景村、全国农业旅游示范点、首都文明村、北京市民俗旅游村、北京市爱国主义教育基地。

走在韩村河的街道上，仿佛置身于欧洲的某个小城镇。这样说，并不全因为街道的静谧、干净以及出色的绿化，还因为街道两旁一栋栋状如别墅的小楼。明快和谐的红顶白墙、红顶黄墙或黄顶黄墙，明亮的塑钢玻璃窗，宽敞的观景阳台，大气庄重的中式琉璃瓦飞檐伴同秀美挺拔的欧式尖顶、圆柱，在阳光下一同展示着亮丽的风采。不同风格的别墅楼区、宽敞的街道、高雅的建筑小区、现代蔬菜大棚、花卉基地、星级饭店、村办大学、公园、医院等组成了中国新农村的风貌，被评为"京郊双文明第一村"，赢得了"乡村都市"之誉。

从1992年起，韩村河开始对全村进行重新规划建设，到1998年底，共投资5亿多元建成了11个高标准的住宅小区，581栋小别墅楼，8种建筑风格的21门公寓式多层住宅楼，910户村民全部住进了新楼房。过去贫穷落后的韩村河变成了花园式的乡村都市。随着韩村河新村建设的完成，旅游业应运而生。1994年，成立了韩村河接待站，开始接待游客，1999年在房山区旅游局的大力支持下，韩村河旅游景村正式命名，景村管理委员会正式成立。几年以来，韩村河旅游事业蓬勃发展，逐步形成了食、住、行、游、购、娱综合发展的观光农业旅游区。

现在的韩村河旅游景村，是首批国家AAA级旅游景区、首都文明村、北京市爱国主义教育基地、全国农业旅游示范点。广泛开展"观新村景、吃农家饭、住别墅楼、采摘特色菜"的民俗旅游。在这里可以寻访中国新旧农村的演变过程，领略社会主义新农村的风采，体验现代化农村的美好生活。随着韩村河经济实力的增强，每年的旅游接待人数达三十多万人次；出外旅游人数达四千人次；直接吸纳劳动就业人数四百多人，间接提供劳动就业人数六百多人，旅游业已成为韩村河除建筑之外的又一经济增长点，景区每年旅游总收入达二千多万元，向国家上缴税金百万元。

韩村河十分重视对农业的投入，强调农业的基础地位。为促进农业发展，适应市场经济，成立了农业公司，农业公司有员工62

人,其中粮田作业队28人,管理2600亩耕地。1991年韩村河实现了粮食生产,从种、管理、收、运、贮全部过程机械化,粮田喷灌化,达到无雨保丰收的水平。自1992年达到亩产吨粮后,十多年来一直保持稳产、高产,并连续被房山区政府评为"十佳规模农场"。在发展基础农业的同时,韩村河积极调整农业结构,实施科技兴农战略,走农业产业化道路,1996年底集体投资2500万元建成占地260亩的高科技蔬菜园区,用于发展种植无污染绿色蔬菜,可常年周期性生产各种名、特、优、新、鲜蔬菜。

二、旅游兴村战略

韩村河景村利用自身丰富的旅游资源,抓住机遇,实行"旅游兴村战略",其面向外国人推行的 home stay,即一种招徕游客在农家住宿的形式,韩村河人把房屋改建成两层小楼,以便游客留宿,这种形式既解决了游客的住宿问题,又能使游客近距离地接触中国乡村文化,更好地了解乡村的发展同时又能提高韩河村人的收入水平。这种形式受到广大游客的好评,同时也得到了韩村河人的欢迎。

田福和是"北京韩建集团有限公司"的当地负责人,一家有5口人,妻子以及在商店工作的长子,读高二的长女和初一的次女。田福和家330平方米的中国式住宅中,其2楼部分的4间寝室和客厅是为游客准备的。

田福和回忆说,"最早到我家来的外国客人是韩国人。每年春节的时候是最旺的季节,客人的目的是希望放爆竹、一起制作、品尝中国农村有代表性的春节食品饺子。虽然他们说的话我听不懂,只能凭着女儿们的一两句英语进行交谈,但还是让他们感到很高兴。"老田指着橱柜上摆放着的20多件工艺品,如数家珍地说,这些都是外国人来我家住宿时送的,有日本的扇子、美国的钟表、乌克兰的鸟巢等。去年,他们家接待了22批外国客人。老田说:"外国朋友很羡慕我们能住上这么大的房子,说我们的生活水平一点也不差,有的甚至说住在我们家不想走了。"田福和一家通过接待外国游客所得的年收入约为 1 万元。夫妻俩的收入加在一起,据说"平均收入 4 万元到 5 万元",大大超过了中国农村人均年收入的平均水平。

三、主要景点介绍

（一）韩村河公园

来韩村河参观访问的人们,都要到这个房山的第一个村级公园里转一圈儿,韩村河公园建于 1992 年,总占地面积 100005 平方米,水域面积 80004 平方米。这里环境优美、景色宜人,大理石雕刻的水光桥、生辉桥如玉砌飞虹,横跨南北。沙滩湖、发水湖烟波浩淼、水域相连。在公园北边有四块并排矗立的碑,令人费解的是后右侧立着的是一块无字碑。据说此碑立与民国三年,村中一财主倡议并出面组织动员本村的百姓,修筑一座桥梁,过了很久,人们发现,他用募捐款为自己盖了一座新瓦房,因无法向捐资人交代,只好立起这块无字碑。在湖中小岛上,陈列着装甲兵工程学院赠送的坦克和南苑机场赠送的周总理访问苏联时乘坐的伊尔——18 型客机。娱乐设施应有尽有,双人飞天、碰碰船、跳跳床成为孩子们的乐园。在这里人们可静心垂钓,也可泛舟碧波、漫步湖畔、静享宁谧。

（二）韩村河高科技蔬菜园区

韩村河高科技蔬菜园区位于韩村河景村西北角,占地 500 多亩,生产以色列樱桃西红柿、荷兰无刺黄瓜、日本栗子蔓南瓜、韩国黄香蕉西葫芦、泰国生菜等多种绿色蔬菜。游客来到这里既可以购买安全放心的蔬菜,又可以进行休闲观光采摘,园区已经成为韩村河的一个景点,前来采摘观光的游客络绎不绝,年接待游客 50 万人次。

目前高科技蔬菜园区有美国进口双层充气式大型温室 5 栋,春秋型温室 13 栋,双层充气式大型温室采用自动化通风设备,节能型温室采用电卷帘设备,温室内采用了滴灌及暖气新技术,园区内有 600 平方米的销售大厅,130 平方米的保鲜库。科技园按照国家科委的要求，采用高新技术，科学管理，高温灭菌，普施有机肥生产的各种蔬菜均为无公害蔬菜。1999年被国家科委命名为"工厂化高效农业房山示范区"。

蔬菜园区以市场需求为导向，积极引进新品种，发展无污染绿色蔬菜。园内目前生产的产品有：以色列樱桃番茄、以色列红、黄、紫、白、绿大椒；台湾圣女番茄、韩国香蕉西葫芦、日本栗子蔓南瓜；希腊的羽衣甘蓝；荷兰的菊苣和无刺黄瓜；美国的多彩西红柿和牛角王菜椒、无土栽培泰国生菜；中国的甜玉米、红筋白扁豆等五十多个品种。特别是桠枝攀延的番茄树，每株产果15000个（大果），颇具观赏性，更是您采摘的好处所，一年四季均可采摘到各种瓜果蔬菜。最近蔬菜温室大棚，又安装了智能温室生产管理系统，配置了专家系统，使管理者在计算机房就能看到大棚内蔬菜的长势，劳动情况、温、湿等，提高了科技含量，更增加了旅游的观赏性。早在党的十六大召开之后，韩建集团董事长田雄高就曾描绘出韩村河全面建设和谐小康的宏伟蓝图，其中强调要继续大力发展旅游业，并提出了"挖掘农业观光潜力、丰富旅游内涵、优化景村环境，树立旅游名牌"的战略指导方针。

第七章 生态第一村

——浙江省滕头村

第一节 村庄概述

在奥地利首都维也纳举办的世界和谐活动颁奖仪式上，村党委书记傅企平作为滕头村的代表在演讲中说："我的家乡滕头村很小，很难在地图上找到它；同时，滕头村很大，因为我的父老乡亲所追求的是全人类生生不息所追求的伟大主题——人与自然和谐共存，人与人之间和谐相处。"

滕头村位于浙东沿海平原奉化市城北，距城区 6 公里，距宁波市区 27 公里。滕头村地处萧江平原，剡溪江畔，属萧王庙街道，区域面积只有 2 平方公里，耕地 741 亩，全村有村民 342 户，835 人，村中 90% 以上村民姓傅。1993 年被联合国命名为"全球生态500佳"；1996 年，被列为全国 4 个环境教育基地之一；2007 年，凭借 67% 的绿化率、常年一级的空气质量、1.6 万多元的村民人均纯收入、100% 的就业率等，滕头村被联合国评为"全球十佳和谐乡村"。还获得全国首批文明村、全国先进基层党组织、全国模范村委会、中国十大名村、中国生态第一村、国家首批 AAAA 级旅游区、国家首批农业旅游示范点等 60 多项国家级荣誉。江泽民同志1991 年视察滕头时曾经称赞这是一个"了不起的村庄"。更有诗人写下了"青山碧水胜桃源,日丽花香四季春;人间仙景何处觅?且看奉化滕头村"的诗句。

过去,这里穷得出了名,"有囡不嫁滕头村,年轻后生打光棍"说的就是滕头村。但自 20 世纪 60 年代初,在全村党员干部的带领下,滕头人依靠自己的聪明才智和勤劳的双手,发扬"艰苦创业,永不满足,两手过硬,一犁耕到头,实现新跨越"的滕头精神,撑起了自己的一片天,成了"一年一个样,年年都变样,越变越像样,全国做榜样"的小康示范村。2010 年全村实现社会总产值 47.5 亿元,人均纯收入 2.8 万元,接待游客 153 万人次,门票收入达 3600 万元,旅游经济综合收入 1.6 亿元。从"田不平,路不平,亩产只有二百零"的贫困村到"田成方,林成网,清洁渠水绕村庄"的世界十佳和谐村,滕头村走出了一条人与自然和谐发展、生态保护与经济建设同步起飞的可持续发展之路。

第二节 新农村建设成果

一、生态环境

乡村生态环境通常是最为脆弱的生态系统,在一些旅游热点地区和高峰时段,大量旅游者和交通工具短时间内集中涌入,产生的废水、废气和其他废物,超过旅游区的环境容量,往往造成生态破坏和环境污染,对乡村经济社会的发展产生不可逆转的负面影响。滕头村在发展生态旅游的同时,不忘农村生态系统的保护。不以牺牲环境来发展旅游业,坚持"边发展边建设"的方针,让滕头村实现了环境保护与经济发展的双赢,走上了一条以"游"养生态,以生态促"游"的可持续发展之路。

长期以来,滕头村在发展经济的同时,始终把生态环境的建设和保护放在突出位置,已累计投入 1000 多万元用于改良农业生态环境、美化绿化村容村貌。利用环境优势来开发产业已经成为滕头经济发展的一大特色,尤其是园林绿化、生态旅游业的发展,带动了农业种植结构的调整和高新农业技术的应用。一、二、三产业相互融合,相互促进,使滕头经济发展始终充满了活力和生机。村党委书记傅企平说:"我们始终坚信,保住了绿水青山,就不怕没有'金山银山'"。

20世纪80年代中期,有一位日本客商经人介绍来到滕头村,想投资1000万元人民币办一家小型造纸厂。如果厂子办起来,滕头村每年可净收入100多万元。对于刚刚解决温饱的滕头村,这无疑是很大的诱惑。但从当时的技术看,这是个重污染项目。究竟上不上,村领导们心中没底,便把环保局的专家请过去开会商讨。专家到村里后,先放映其他地方污染环境的电视录像片。大家看到:生产发展了,环境污染了,村子里的井水不能吃了,有些人哑巴了,生出的小孩先天残疾了。看完录像,村里拒绝了这个项目。后来村里从外地购进十几台机器,办起了只有27名员工,利润微薄,但几乎没有污染的服装加工厂。后来,这个服装厂滚动发展成今天拥有60多家企业、4个工业区、年产值超过20亿元的滕头集团公司,跨入全国最大经营规模、最高利税总额的乡镇企业行列。滕头村收获了一个没有污染的经济增长点。

1993年,滕头村被联合国命名为"全球生态500佳"后,村里在筹划如何保持荣誉、保护好生态环境时,经向奉化市环保局的领导、专家咨询请教,聘请了环保局一位退休的领导干部,成立了当时全国唯一的村级环保委员会。此后,村里上任何项目都要由专家组成的环保委员会先把关,然后再交村委会拍板。村委会拍板也是以环保委员会提供的数据和意见为根据。十几年来,46项高利润的投资项目被滕头村一一否决。他们的信念是:凡是不利于环保、损害"绿色"的事,坚决不干!要办,就办没有污染的企业。

二、村庄建设

1979年前,村民房舍均是历经百年风雨的旧房,且因人口增长,住房日显拥挤,村民住宅比较杂乱。1979年10月,滕头村统一规划，统一施工，启动了改造旧村、整治环境、建设新村的浩大工程，全村分批拆旧建新，每户一间楼房、一间平房，经费由集体补助和村民旧房折价解决；1987年春，总投资250万元建成新房31幢，全村223户搬入新居，人均居住面积35平方米，每户安装抽水马桶，人畜分处，户前均有长方形庭院，栽花卉果木；1998年开始，滕头村又开始兴建面积达200—400平方米的第三代住房——小康别墅楼，人均居住面积达到80平方米，外部装修与绿化由村里统一规划，并补贴一定的水电费用，内部则根据每家每户的经济能力、爱好进行装修。新村建成，全村节省土地34亩，实现了工业区、文教商业区和村民住宅区的功能区分。紧接着，又实施了"蓝天、碧水、绿色"三大工程，拆除农家柴灶，统一改用液化气，实现农居无烟村，对污水、废水进行处理实现达标排放，全村逐步形成了绿树成荫、花果相间、百鸟合鸣、四季花香的自然美景。2001年，滕头村通过了ISO14000国际环境管理体系认证。

建于1980年的滕头盆景园，占地7300平方米，园内有10000多盆盆景共3000多个品种，精品盆景占800多盆，集观赏与销售为一体。盆景是利用奇形怪状的树根，经人工再种植和剪裁而成。

1993年，滕头村规划兴建了滕头公园。公园占地面积5000平方米，以湖为中心，围以绿树草坪，曲径回廊，穿插亭台、拱桥，放置石凳，间隔花卉盆景。湖的东面一只小池"红鲤欢跃"，中池"青鱼闹波"，外面大湖养有鲤鱼、草鱼、鲫鱼等。在农村建一个这样的大型休闲公园，是非常罕见的。每当清晨或夜晚，这里都是村民们休闲的乐园，他们在这里健身、跳舞、观景、谈天、交友……

滕头村非常有特色的将军林，每棵树高度一致，枝叶繁茂，这排树是傅企平书记从邻县工地上抢救过来的。这些树移来之后，傅企平请来一些将军参与植树，并把这排树取名为"将军林"。从此，滕头村不仅种树，也让树和前来参观考察的名人们拉上关系，搞起了"名人经济"。朱镕基、曾庆红、回良玉、丁关根、吴敬琏等国家领导和名人都在滕头村植下了树木。滕头村的花卉大棚占地1800平方米，棚内利用无土栽培、立体种植等方法培育各种名贵花卉。

棚内还利用竹子营造出一片极具江南风格的观赏瓜果园,令人大开眼界。

三、生态农业

滕头村土地少,粮食附加值太低,种粮食不划算。怎样才能"让土地里长出黄金"呢?1986年,村里成立了农业公司,农业公司专门作了市场调查,根据市场调查的结果和土壤状况,搞起了多种经济。他们先后在土地上种了梨树、葡萄,开发鱼塘。为了充分利用每一寸土地,他们还搞起了立体农业,在田间开河养鱼,地下铺设暗管进行排灌。村里有一条著名的葡萄河,上面种葡萄,中间养鸟,下面养鱼,为了使葡萄不把阳光全部挡住,村里故意不让葡萄藤太密,以保证一些阳光可以散射到水面。河岸上种葡萄,河面上葡萄藤遮荫,葡萄熟了,鸟就吃葡萄和葡萄藤上的虫子,鸟粪掉进水里正好喂鱼,立体地、充分地利用了空间。这是滕头村发展生态农业的一个缩影,充分诠释了生态、循环理念。

随着经济的飞速发展,各地对绿色环境的要求越来越高,村里的花卉苗木产业逢上了极好的发展机遇,滕头村生产的花木越来越多地被送出去,成为其他地方的风景。如今,花卉苗木已成为滕头村一个重要的产业。村里的园林绿化公司成为全国绿化一级资质企业,在北京、上海等地设有8家分公司,在滕头村以外建立了1178个苗圃基地,拥有苗木面积2.5万亩,年产值2亿多元,承办了全国许多大型绿化项目。2001年,北京申奥成功后,滕头村园林绿化公司毛遂自荐前往承揽奥运会绿化项目,以优良的业绩赢得了奥组委的信任,公司光荣地承担了2008年北京奥运会部分场馆3000万元的绿化业务。

四、人民生活

"贫穷,是最大的污染源"。在摆脱贫穷的过程中,滕头村坚持走共同富裕道路,生产稳步发展,人民生活逐步改善,村民福利事业也不断发展。一是加强公益设施建设。例如投资新建了小学校舍，改造了自来水设备，浇制了水泥公路等，同时新建了沼气池，提高了生物能的利用率，促进了废物循环转化，结束了村民烧柴煮饭的历史。二是实行养老制度。60岁以上的老人按月领取数额不等的养老金，最低的每人每年6000多元，高的达一万多元。一般村民们每年可以享受数千元的福利品。三是建立公费医疗和保险制度。村民患大病或家庭发生重大变故，村里给予救济补助。村集体向保险公司投保计2000多万元，为村民办理财产险、人身险、大病险等13个项目保险，成为浙江省第一个全方位"保险村"。四是实行免费教育。村里建起条件一流的小学、图书馆，开办各类专业技术培训班，设立"好家长、好老师、好学生"奖金。村民读书免费，上夜大、电大所花的钱，大多由村里来支付，对考上大学的学生和家庭予以重奖。考上第一批重点大学的奖励一万元，考上研究生的奖励两万元，考上博士生的奖励五万元。目前，全村既无暴发户，也无贫困户，家家都是小康户。村风民风良好，邻里团结，家庭和睦，形成无迷信赌博，无打架偷盗，无刑事犯罪，无超计划生育的好风气。

五、旅游发展

宁波滕头生态旅游区是国家首批AAAA级旅游区，2010年4月滕头——溪口旅游景区被国家旅游局授予我国旅游界最高级别的AAAAA级旅游景区，从而成为宁波市第一个5A级旅游景区。

改革开放以来，随着人们生活水平的提高和城市化进程的加速，城市中人们生活的节奏加快，生活、工作的压力逐渐增大，于是人们渴望亲近大自然，渴望身心的放松。乡村生态旅游以其亲近自然、感受自然、回归自然的独特魅力，逐渐受到人们的青睐。而滕头景区以其别出心裁的园林营造和村庄规划将自然与人文巧妙地结合起来，以其绿色、生态、健康引起了人们的注意。

滕头村距经济发达的奉化市6公里，距宁波市区27公里，交通便利，有着开展乡村生态旅游良好的区位条件。近年来，滕头村根据本村生态环境等优势，提出以商活村、以游促村的发展思路，着重发展生态观光旅游等第三产业。1998年,滕头村开始有计划地开发乡村生态观光旅游,逐步形成了总面积达1.1平方公里的旅游景观。滕头景区主要有三大景观:一是以江南风情园、将军林、盆景园、绿色长廊等几十处景点组成的生态旅游景观;二是以植物栽培观光园、花卉苗木观赏区、蔬果种子种苗基地、时令瓜果采摘等组成的观光农业景观;三是以纺纱织布、车水、舂谷砻米等参与项目和憨牛猛斗、温羊角力、笨猪赛跑、公鸡争雄等动物表演组成的别开生面的农俗风情游乐景观。

在江南风情园陈列着脚踏、手拉、牛拉水车、吊桶等农家器具;石窗馆里陈列着明清时期石匠们雕刻的石窗;在婚育新风园里,一对对新人披红绸,坐花轿,抛绣球,生动地阐释了宁波十里红妆的特色婚俗;在草莓采摘区,鲜艳欲滴的草莓令游客爱不释手;在奇花异果棚,游客们对这些花花绿绿的花果咂舌不已;在百年老屋里,打年糕、拉姜糖、民间杂耍让游客惊叹于民间传统手工艺的魅力。

除了这些,你还可以看到可爱的松鼠拜年,欣赏石窗曲苑(京剧、越剧场景戏)、农家女招亲、男女反串模仿秀,参加独轮车送公粮大战、犁耕大战,还可以拉大碾、磨豆浆、打草鞋、踩水车,体验一下农村人的生活。要是有兴趣,你可以亲自上阵捉泥鳅、摸螺蛳、照黄鳝、叉鱼,这样可以吃到自己捉的食物。

滕头村同时推出了新农村考察游,向来访嘉宾侧重介绍滕头村在发展经济、保护生态等方面的成功经验,并请一些人士种树留念,发展名人经济。年复一年,这里已经形成了"公仆林"、"将军林"、"院士林"、"民族林"、"巾帼林"等,成为滕头景区的一道道亮丽风景。

滕头村还创办了学生社会实践基地。学生社会实践基地作为全国青少年科普教育基地,全国"我能行"体验基地,以培养学生创新精神和实践能力为重点,开设"爱国主义、生态环保、科学普及、军事国防、劳动技能、磨难拓展"等六大教育,结合农俗风情游100多项寓教于乐体验活动,让学生在实践操作中体验生活、体验成功、体验快乐。目前滕头村已接待来自北京、上海、江西、杭州及香港、台湾等各地师生超过200万人次,被科技部、中宣部、教育部、中国科协命名为全国唯一的村级青少年科技教育基地和中小学德育工作先进集体等。

六、世博荣誉

宁波滕头案例馆由中国美院建筑艺术学院院长、著名建筑设计师王澍教授设计,外观古色古香,门、窗、墙体、屋顶等运用体现了江南民居特色的建筑元素,以空间、园林和生态化的有机结合,表现了城市与乡村的互动,凸显了宁波"江南水乡、时尚水都"的地域文化,展示了生态环境、现代农业技术成就以及宁波滕头人与自然和谐相处的生活。

宁波滕头案例馆以宁波滕头村为切入点,以"新乡土、新生活"的理念,从"天籁地籁"、"天动地动"、"天和人和"三个板块,充分反映了宁波城乡和谐发展的生动实践。作为"世界唯一乡村"案例,入选"城市最佳实践区"。其设计理念为运用体现江南民居特色的建筑元素,以空间、园林和生态化的有机结合,表现"城市与乡村的互动",再现全球生态500佳和世界十佳和谐乡村的发展路径,进而凸显宁波"江南水乡、时尚水都"的地域文化,展示生态环境、现代农业技术成就以及宁波滕头人与自然和谐相处的生活。

宁波滕头案例馆处处体现了设计者节能环保,返璞归真城乡融合的设计理念,以竹、瓦做建筑材料,体现出纯朴的自然生态及浓郁的乡土气息。给人印象最深的是其内外墙设计。外墙回收利用了旧时的废弃砖瓦,突显环保意识,内墙采用了竹片贴在水泥墙上的做法,设计独具匠心。游客行走在馆内,不仅能闻到清新的花香水气,聆听到中国农历节气从立春到大寒的"天籁之音",还能欣赏到蓝天白云。蛙鸣犬吠与潺潺流水声交杂在一起,散发着乡土生活的和谐之美。

在第一展厅的"天籁之音"音效装置区,12个高科技音罩将播放出高清晰度的自然之音，表现出中国农历中二十四节气的田园之声。在第二展厅的视觉互动区，游客沿水装置生态模拟墙斜梯步道缓缓向下，便可在两面高墙上，看到三百户宁波人家的大型电子相册，每一本都记录着一户人家的今昔变迁。参观者可点击相册，走进感兴趣的宁波人家。在一楼中央演播厅，12台高清投影设备将投放出蓝天白云和快乐的飞鸟，当观众席地而坐，先后有两片8平方米的移动视幕，承载着100名滕头村民手绘的动画作品徐徐而来，两片最终合成一幅16平方米的彩绘动画影视作品。在第二展厅的"动地之情"地动装置区，110平方米的演播厅地面采用气动装置，当观众席地而坐，波浪涌来形成40秒地面波浪变化，波浪平息后天动影像开始，此时地面悄悄隆起几处大小不一的坡峰，形成差落有序的高低座位。观众可选择多种姿势来欣赏头部上方的移动影像和四面墙体中发出的美妙音乐。在第三展厅签名留念区，20台计算机系统和指纹识别系统将引导观众在任意台面手写自己的宝贵意见，该意见或签名将被计算机记录并打印出精美的印刷品。

宁波滕头馆已成为滕头村的"镇村之宝"，这种做法节能环保，应大力提倡。宁波滕头案例馆体现了"城市化的现代乡村，梦想中的宜居家园"的主题，也带出"城市让生活更美好，乡村让城市更向往"这一理念，达到城市与乡村结合的美好前景。向全世界展示推广倡导未来城乡融合与生态建设，是世界大同的缩影。

第三节　滕头村发展致富的秘诀

一、坚持生态立村，打下发展的基础

生态环保是滕头村不懈的追求，也是发展乡村旅游的根本基础。20世纪60年代，滕头人为了摆脱贫困开始改土造田，在老支书傅嘉良的带领下历时15个春秋，把1200多块高低不一、亩产只有100多公斤的靠天田，改造成大小划一、排灌畅通的高产"吨粮

田。"同时又对农田水利进行了深层次建设：开渠、挖河、修路，还构筑了暗灌暗排、沟渠纵横的地下秘密武器系统。1971年，为了增加集体收入，提高土地利用率，滕头村干部带领村民在田头种上了柑橘树，成为我国第一条柑橘观赏林。"一犁耕到头"是滕头人最初的梦想。现在橘树观赏林已经扩展到村子的各个交通要道、环绕在厂房边，构成别致的风景。

在发展经济的同时，滕头村注重建设优美生态环境、提高村民生活质量，把生态环境建设与村庄建设结合起来，改善人居环境。早在20世纪70年代末，滕头人就启动了旧村改造、环境整治、新村建设的浩大工程，实现了"工业区、文教商业区和村民住宅区"的功能分隔。二十年前，他们又把环保写进村民公约，并成立了当时全国唯一的村级环境资源保护委员会。为了进一步改善人居环境，近年来村里投入上亿元资金实施"蓝天、碧水、绿地"三大工程，拆除了农家柴灶统一改用液化气，实现了农居无烟村；遍植各类绿化树和草皮，饲养白鸽、野鸭等飞禽。目前全村的绿化率达到67%，营造了"花香日丽四季春，碧水涟涟胜桃源"的江南田园美景。

1993年，来自联合国的"全球生态500佳"唱响了滕头的生态美名，吸引了全国各地的各界人士前来参观考察学习。借助这一优势，滕头村于1998年开始搞起乡村旅游，成为全国最早开始卖门票的乡村之一。2001年，获得"国家首批AAAA级旅游景区"称号，2010年4月被国家旅游局授予"AAAAA级旅游景区"称号。

二、与休闲旅游相结合，发展精品高效农业

滕头村本身就是浙江省首批12个现代化农业示范区之一，也是"国家级农业综合开发示范区"，总面积为3000亩。园区大部分为高效农业，如蔬瓜种子种苗基地、植物组织培养中心、花卉苗木基地等，都是我国现代农业的样板。

滕头村与日本大和种子种苗株式会社合作，引进国外先进技术，创办了优质蔬瓜种子种苗基地。基地占地20亩，滕头村投资60多万元建造了104个标准化大棚，以开展优良品种杂交试种，并全部出口到日本，开创了宁波市种子种苗出口之先河，被浙江省树为高科技农业典型。同时还成立了农业公司，种植高标准、高品质的大葱、小辣椒等出口到日本、韩国等东南亚地区和国家。

人类在研究生物衍变、繁殖过程中，已进入克隆年代，发达国家为此花费了许多人力和物力。滕头人具有超前意识和赶超世界先进科技的雄心壮志，选取植物无性繁殖、快速繁殖技术研究并迈开了步子，这在省内外乃至全国是罕见的。滕头村与省农科院和浙江大学生物技术研究所一起合作创办了"滕头植物组织培养中心"，也叫"植物克隆研究基地"。该中心占地面积2250平方米，分自动温控大棚和组培车间两大部分。通过对植物快速繁殖、转基因导入、脱毒培养等一系列高科技农业研究、示范，培育国内外优质、名贵花卉苗木。滕头植物组织培养中心培育出的试管苗出口英国、荷兰等国家和地区，收回大笔外汇，研究成果非常可观。滕头村拥有30多年的花卉苗木栽培经验，利用这一优势，滕头村分别在省内外大面积地租赁土地，发展花卉苗木产业。至今，全村拥有花卉苗圃基地3万多亩，各类品种已达1000多种。

科技、生态、效益——滕头农业始终走低碳之路，不断推广标准化生产，实施品牌战略，大力发展现代绿色农产品基地、种子种苗基地，农业技术日趋成熟，产品供不应求，得到了市场及外商的高度肯定，成为全省农业科技的示范和样板。生态温室以栽种珍奇植物品种和体现先进的种植方式为主题，拥有自动降温系统、自动遮阳系统、自动内遮荫、全自动灌溉系统和智能化控制等十几项高科技功能，体现农业生产的智能科技化。同时，把高雅的园林艺术与生态旅游，农业观光旅游有机地融为一体。将军林、柑橘观赏林、婚育新风园、绿色长廊、乡村文化广场、盆景园等30多处景观，使诸多游客在观赏中领略到江南风韵的田园乐趣，感受到返璞归真、崇尚自然的生态特色。

三、与村庄建设相结合，建设美丽幸福乡村

近几年，在发展休闲农业的同时，滕头村加快了基础设施建设的步伐，使景区和村庄融为一体。首先，坚持农房改造景观化，对别墅区进行墙面改造，老住宅区增加马头墙，一幢幢赏心悦目的新潮别墅和古朴民居，形成了一道亮丽的风景线。其次，坚持基础设施标准化，把原有的水泥路改造成沥青路，污水处理实现雨污分流，电线地埋实现无杆化，拆除柴灶煤炉实现无烟村，家家户户安装太阳能热水器。第三，坚持配套设施现代化，在全村安装了全球通电子监控系统，村民家中全部安装有线电视终端，实现户户通光纤。第四，始终坚持生态、环保、节能理念，新建了一个五星级生态旅游公厕和两个三星级生态旅游公厕，均可实现循环用水。其中五星级生态旅游公厕年节水量达 3500 吨。应用了风、光互补路灯，利用风能和太阳能来发电，无论晴天阴天、还是台风灾害天气，一年四季，都能保证路灯供电。第五，在建设过程中，滕头村按照集约建设用地的要求，通过拆旧建新、拆企入园等形式，用于旅游开发，盘活土地资源，使有限的土地资源发挥最大的效益。

四、加强管理营销，着力打响旅游品牌

在做好基础设施等硬件建设的同时，滕头村还着力强化管理和对外营销等软件建设，打造滕头旅游的品牌。一方面，滕头村利用春节、清明、五一、中秋、十一等景区人气最旺的时候，策划一系列主题活动，大力开展节庆游宣传。例如 2011 年春节，滕头村就策划了"滕头乡村过大年，玉兔拜年乐翻天"主题活动，与广大游客欢度新春；另一方面，开展特色游宣传，迎合游客心理，适时更新旅游项目，并推出美食节、动物节、嘉年华等特色旅游活动。特别是滕头村抓住了作为全球唯一入选上海世博城市最佳实践区的乡村机遇，做好了世博宣传文章。许多游客在参观滕头馆以后，特地来到滕头村实地看看。利用这个机遇，滕头村精选了 100 户农户用于世博接待，让游客亲身体验全球最美乡村的农家生活，同时开展

众多世博相关活动，如学跳海宝舞、世博知识有奖问答、滕头海宝许愿游等等，让世博文化在滕头村发扬光大。

滕头村还不断规范内部管理，开展员工上岗培训，不断提高员工素质，实行月度考核，充实人才队伍，不断加强团队竞争力。景区还积极拓展旅游市场，着重开发上海、杭州、南京等长三角地区的旅游市场，2010年，直面签约旅行社615家，新增315家。

第八章 江西第一村

——进顺村

在一个经济尚不发达的省份,江西南昌东郊的进顺村显得格外突兀。那里的村民住着花园洋房,过着"个个有股份,人人有保险,月月有薪水,年年有分红"的无忧生活。村里的姑娘大都不愿意外嫁,小伙子却有一半娶了城里的老婆。

第一节 村情概况

进顺村是江西省南昌市青山湖区湖坊镇的一个行政村。全村占地面积1.68平方公里,6个村民小组419户1441人。村党委下设三个党支部(服务业总支、工业支部、农业支部),共98名中共党员。

改革开放前,进顺村祖祖辈辈都是以种菜为生,全村总收入59.96万元,上交国家税金2.53万元,村集体纯收入6.55万元,劳均收入332元,人均收入74元,村集体资产10.5万元,是个出了名的贫困村。

改革开放三十多年来,进顺村通过"盘活资产打基础、以地换地拓空间、招商引资谋发展"的三个发展阶段,实现了从第一产业到第二、第三产业、从农业经济向工业经济、从乡村到城市、从农民到职工、从职工到股东的历史性转变。一直以来,进顺村充分发挥本村的地理位置优势，以发展第三产业为龙头，将区位优势置换为市场优势，采取资本运营的战略，进行社区性股份合作制改造，不断地拓宽新的发展空间，1997年10月，组建了江西鄱阳湖旅游企业集团和南昌鄱阳湖大酒店集团有限公司。公司现已形成宾馆、娱乐、商品超市为龙头的三产业发展主体，以米粉出口、医药、制衣、环保包装多门类的工业布局，形成了以资本为纽带、进入新的产业领域、开创新的就业门路的发展新格局。2006年，村集体固定资产5亿元，实现总产值20.5亿元，利税7309万元，其中村级收入2663万元，村民人均收入9547元（不包括村民享受的16种福利待遇）。

一个人富了不算富，全体人富了才算富。为了实现有福同享，在改革开放和艰苦创业的历程中，进顺村以发展壮大集体经济为主体，坚持走共同富裕的道路，不断探索提高村民收入和福利待遇的实现形式，促进了精神文明建设和各项事业的全面进步。进顺村在实现自来水、电、水泥路、通讯、有线电视"五通"的基础上，注重村民居住环境的改善，一排排整齐的居民住宅楼，优美的小区公园……；为了抑制村民小富即安的思想，激发村民富而思进的奋进精神，进顺村投资兴建了阅览室，创办了村报，积极开展争做文明进顺人、十佳五好文明家庭等一系列的精神文明创建活动，丰富了群众的精神文化生活；同时，进顺村还积极探索提高村民福利待遇水平的方式，十多年来，村民享有退休工资、压岁钱、节日费、免费医疗、职工统筹养老保险、综合补贴、奖学金等16种福利，村民年人均享有2000余元的福利费。进顺村的村民们过上了家家住楼房，户户有存款的小康生活，进顺村成为了江西省率先致富的"小康村"和"全国文明村"。

第二节　进顺村发展演变

一、经济发展史

进顺村原是个以种菜为主的贫困村。要说它的发家史，绕不开位于南昌市中心的鄱阳湖酒店。这是一座完全由农民投资的三星级酒店。进顺村的发展,就是由这座大酒店开始的。

党的十一届三中全会以后,进顺村世代相传的种菜营生得以改变,先后办起了装订厂、米粉厂、化工厂、养鸡场等20多家村办企业,这些企业为该村带来了第一桶金。然而好景不长,随着市场的变迁,由于产品质量差、科技含量低、企业管理不完善,在市场上缺乏竞争力,这些村办企业经营发展到20世纪80年代中后期出现了大面积亏损,面临着倒闭的危机。

在传统的农耕社区,土地是农民的立生之本、求存底线,可随着城市化的加速,进顺村的土地越来越少,生存空间也随之越来越窄。但是,当村属企业"雪上加霜"地不断亏损后,深思熟虑后的进顺人大胆决定"反弹琵琶":充分发挥区位优势,发展宾馆、酒店等第三产业,向更高档次的村办企业进军。1984年,年仅26岁的罗玉英当选村委主任,她作出一个大胆决定,关闭了4个村办企业,转让部分土地,集中村里资金,在南昌黄金地段建设鄱阳湖大酒店,迈出了发展三产的第一步。通过对盘活土地资产等融资手段的有效应用,1989年,18层的鄱阳湖大酒店在南昌老福山街心花园西南侧、南昌火车站附近开张迎客。

随后,进顺人频频在发展村办企业上使出大手笔。1997年,进顺成功组建了江西鄱阳湖旅游企业集团,填补了江西省没有农民办旅游企业的空白;很快,鄱阳湖大酒店被国家批准为旅游涉外"三星级宾馆",成了江西省首家由农民兴办的三星级涉外酒店。至此,进顺村第三产业主导的发展路子正式确立。

为了延伸产业领域、拓宽生存空间,没有耕地的进顺村开始向工业园区和市场方向发展,迈出了"跳出进顺发展进顺"的步子。1998年,罗玉英将进顺村位于城区的12亩土地盘活,以每亩60万元的价格卖出,又用每亩8万元的价格在民营科技园购地41亩,并投资2000多万元建起进顺村工业园区;2002年,进顺村在昌东工业园购地360亩,首期建成207亩的昌东鄱阳湖工业园,并依托工业园区成立了鄱阳湖物业管理公司、研发中心等;2003年,富裕起来的进顺村投资 8000 万元在别村土地上建设了面积 8 万平方米的"小康家园",村委会也迁到此,成为中国农村罕见的把村委会和村子建在邻村的村庄;2004 年,世界 500 强企业德国麦德龙公司落户进顺,江西华宏、江西明豪两家 4S 汽车销售有限公司也于同年进驻;2005 年,国内 200 强企业苏宁电器落户进顺;2006 年元月,总投资达 2300 万元,建筑面积达 2.7 万平方米的进顺物流园工程开始施工;2006 年,进顺村以土地入股 45% 的方式组建了南昌鄱阳湖建材有限公司;2007 年,江西进顺物流公司注册成立。进顺村已形成了"一个集团"(江西省鄱阳湖旅游企业集团),"三个园区"(进顺工业园、鄱阳湖工业园、进顺物流园),"三家宾馆"(鄱阳湖大酒店、洪城宾馆、进园宾馆),"五大市场"(德国麦德龙青山湖商场、南昌电动自行车市场、江西华宏、江西明豪 4S 汽车销售市场、南昌鄱阳湖建材市场)的发展格局。2006 年,全村财政收入达 20.5 亿元,村民人均收入达 9547 元,约为 1978 年前的 129 倍。进顺村当仁不让地成为了江西农村发展的领头雁。

随着社会主义市场经济体制的建立和逐步完善,罗玉英逐渐意识到单一的集体经济模式因产权不明晰,村民的生产积极性不高,村民就业压力大,有碍人才的引进和流通。加上村民生活水平和福利水平的提高,不少村民因此产生了小富即安的思想。对此,在罗玉英的倡导下,村民代表大会决定实行社区型股份合作制改造,以鄱阳湖大酒店集团有限公司为母公司,其余四个企业为子公司,将这些公司的全部资产合起来折成股份,按一定比例量化给全体村民,让村民持有集体经济股份。按照集体资产共同享有和按劳分配、多劳多得的原则与激励有功者、照顾残疾人的原则,设立成员股、工龄股、岗位股、优抚股和特殊贡献股,量化到村民,将原 1999 年评估确认的净资产(不含土地)8593 万元折成总股份 8000 万股,其中 45% 按一定的比例配置给全体村民,另 55% 的股份仍归集体所有。实现了社区型股份合作制改造,明确了产权关系,提高了凝聚力,理顺了分配关系,提高了科学决策和民主管理水平,极大地激发了村民主人翁意识。农民、村民、股民、员工、老板……每个人都有几个不同的身份,如今的进顺人是人人持股,个个当家。他们谈起股份合作、资本运营、产权明晰等新鲜的词汇,也如当年他们谈起自家种植的萝卜、白菜一样朗朗上口。年终村民人均分股利2000多元,一村老少手捧红利其乐融融。

二、罗玉英——致富路上的领头雁

走进小康家园,来到江西省首个新农村建设展示馆——进顺村社会主义新农村展示馆,一幅幅生动的照片不但勾勒出了进顺村的和谐发展之路,也述说着进顺村的领头雁——村党委书记、村主任罗玉英近30年来的创业奋斗史。

1984年,罗玉英被村民选举为第一任村委会主任,1993年9月,开始全面主持进顺村工作。她在进顺村担任"村官"的27年来,尤其是主持全面工作的18年来,进顺村发生了翻天覆地的变化。在罗玉英的带领下,进顺村实现了从农业经济向工业经济、从乡村到城市、从农民到职工、从职工到股东的历史性转变;形成了"一个集团、三个园区、三家宾馆、五大市场"的经济发展新格局;创下了江西省的六个率先:率先建起农民办的四星级宾馆、组建旅游企业集团,率先进行社区型股份合作制改造,率先实行村民社会统筹养老保险、医疗保险,率先按高起点规划、高标准设计、高质量建设、高水平管理兴建村民居住的小康家园,率先实现村级财税连续10年名列全省前茅,率先荣获"全国文明村"、"中国十大名村"、"中国十佳小康村"、"全国敬老模范村"荣誉称号。全国名村综合影响力连续两年名列全国第七。2008年,全村工农业总产值从1978年的56万元增长到30.44亿元,村集体固定资产从不足100万元增长到5.7亿元,利税从10万元增长到9586万元,村民人均收入从74元增长到11622元。

27年来,罗玉英始终倡导和坚持以人为本、民主治村、依法治村,用现代企业理念治理村庄的管理模式,打破了农村传统的"经验式管理"、"人脉式管理"格局,形成了村级管理的两条线,即一条以村民代表大会为最高决策机构的村民自治管理,一条以股东大会为最高决策机构的现代企业管理，探索出的进顺管理模式，在2007年第七届全国"村长"论坛上得到来自全国各地的专家、学者的高度评价。2007年至2008年，进顺村的管理指数连续两年在全国名村管理评比中位列第二，成为了全国村级管理创新的典范。

　　作为一名优秀的基层共产党员、一名优秀的女企业家，罗玉英在带领进顺村走上小康之路的同时，还积极地去承担社会责任，把爱心洒向贫困地区和灾区农民。从2003年起，在罗玉英的带领下，进顺村先后与贫穷落后的楼付村、慈母村结成帮扶对子，无偿提供资金改善当地村民的生活居住环境，引导他们走上致富之路。2008年5月12日，汶川地震发生后，罗玉英立即组织了多次赈灾捐款活动，支持灾区人民重建。进顺村还与阿坝藏族羌族茂县凤仪镇坪头村结成了帮扶对子，先后给坪头村捐款40余万元。同时，罗玉英还通过全国"村长"论坛这个平台，倡导发起了"中国名村支持四川重灾区百村重建家园、恢复生产的活动"，为灾区农村的重建工作起到了很好的助推作用。

　　罗玉英把生命中最美好的时光全部奉献给了进顺村的发展，她用自己的青春和心血成就了进顺村的辉煌，让进顺村成为了全省乃至全国新农村建设和村集体经济发展的典范。罗玉英的成就也得到了各级党委和政府及社会各界的肯定。2001年6月1日，时任中共中央总书记、国家主席江泽民同志来进顺村视察，对进顺村的发展给予了高度评价。2007年4月20日，中共中央政治局常委、国务院总理温家宝同志在江西视察时亲切地接见了罗玉英，对进顺村在社会主义新农村建设中所取得的成效给予了充分肯定。2008年10月28日至11月1日，罗玉英光荣地参加了全国妇联第十届代表大会，并当选为全国妇联执委，受到了胡锦涛总书记的两次亲切接见。罗玉英还先后被授予"全国劳动模范"、"全国优秀女企业家"、"全国杰出创业女性"、"全国十佳杰出村官"、"全国优秀乡镇企业家终身成就奖"、"全国十大女杰提名奖"等殊荣。这些幸福而又振奋的时刻让罗玉英永生不忘，领袖的光辉形象给她留下了永生的记忆，领袖的鼓舞和鞭策永远激励着她奋发向上。

展望未来,罗玉英总是不断地告戒自己和班子成员:人是要有点精神的,智慧源于自信,坚韧源于责任,刻苦源于土地,热情源于乡亲,公心源于党性,进顺村的创业成功还刚刚起步,未来发展之路还很长很长……

第三节 进顺村发展特色

一、"323"民生工程

罗玉英说:"村民是组成进顺村的细胞,是全村发展的主体。每一个村民富裕了,进顺村就富裕了,每一个家庭和谐了,进顺村就和谐了。所以我们始终认为,只有坚持让群众享受发展的成果,惠及于民;让群众不断拥有资产性收入,存富于民,才能使进顺村发展的主体得到良性循环。"为了实现发展成果为进顺村民共享,为了实现存富于民,十多年来,罗玉英提出了惠及村民的"323"民生工程,即"三个率先、两个免费、三大基金",并且一直坚持不懈地实施着。

率先实行股改,让村民当家作主。1999年在村两委的提议下,村民代表大会一致通过了对村集体经济实行社区型股份合作制改造的方案,将"股份制"与"合作制"有机融合。让村民人人持股、个个当家。随着村办集体企业的不断发展壮大,村集体收入的增加,村民不仅有工资收入还年年有分红。每年村民股利分红300余万元,人均可分到2000余元,户均可分到7000余元。

率先实现村民社会统筹保险,解决村民后顾之忧。为了让村民老有所养,进顺村在实现村民向职工的转变后,就以职工的身份给村民们缴纳了社会统筹养老保险金,将村民纳入了社会保障体系。同时,村民还享有16种福利,实现了村民生活现代化,让农民的社会保障、福利待遇与城市接轨,解决了进顺失地农民的社会保障问题。

率先建成农民"小康家园",给村民们提供了一个优美的居住环境。在江西南昌市4A景区都市候鸟区天香园的东南侧,有一座花园式住宅小区,小区内绿树成荫,花木繁盛,渌水泛波,亭阁翼然,给人以澄心静虑,陶然舒畅的感觉。一幢幢错落有致的楼房,一式徽派风格。灰白色调的墙体,在绿树掩映下,显得宁静、沉稳、含蓄、别致。这便是进顺村新建的农民公寓——进顺小康家园。2003年7月,进顺村在南昌市天香园南侧投资1亿元购地并按"高起点规划、高标准设计、高质量建设、高水平管理"要求建起了"进顺小康家园"。全村419户人家,每户都享有一套,小区房屋均价为每平方米800元。按市场价以每套120平方米计算,小康家园每套房平均给予了村民10多万元的优惠。目前,村民都过上了"智能化管理、数字化生活"的幸福生活。

免费提供医疗服务。村医务所为村民提供免费医疗服务,村民每月享有20元的门诊医疗补贴,村民住院医疗费可报销50%,村民独生子女住院医疗费可报销100%。为了提高医疗服务水准,打造一个一流的村级医务所,进顺村与湖坊镇医院进行联手,还专门从南大二附医院聘请了医生到村医务所坐诊,通过共享医疗资源,确保村民看病小病不出村。进顺村民陈作福长年患有风湿症,但他不用出远门就能在离家不到100米的村医务所免费看病吃药。"不用出村,就在村里看小病,大病就到大医院,这样又方便群众,又节省了好多资金,还有报销。"陈作福高兴地说。

免费实施基础建设,建立公共服务体系。进顺村按"公寓化模式、智能化管理、数字化生活"的要求来打造进顺小康家园,并加强了各项基础设施建设。道路硬化、村庄亮化、绿化、水电煤气等等设施,全由村里支出。如村委会每年拨出30万到50万元专项资金用于村属各自然村公共设施的建设,现在各自然村全部实行了袋装、桶装垃圾,环境卫生打扫和管理有专职人员。各自然村环境优美、绿村成荫。

建立大病救助基金。进顺村每年从村集体利润中分配出一部分作为大病救助专项资金。凡村民得了大病至少可获2000元以上、

20000元以下的救助，确保村民们看得起病。

设立了教育基金。进顺村以集体股份的形式无偿地配送给0－7岁、7－14岁、14－18岁的村民子女，确保村民子女完成九年义务教育，同时，进顺村设立了奖学金制度，凡村民子女考上大专、大学都会给予相应的奖励。

设立了村民就业培训基金。进顺村每年都会抽出一部分资金作为村民培训或继续教育的活动经费，并且以村属企业为依托，经常地开展岗位技能培训和村民再就业指导，提升村民的就业率和创业指数。

二、"四民主"模式

进顺村两委班子"决策讲民主、办事重民德"，建立和完善了一整套民主选举、民主决策、民主监督、民主管理的规范制度，演绎出具有进顺特色的"四民主"模式。

（一）民主选举

进顺村在历届换届选举过程中始终坚持依法规程序进行，以《宪法》和《村委会组织法》及江西省《实施办法》为主要依据，坚持公平、公正、公开的原则，选举村委会成员、村民代表和村民小组长。

进顺村的民主选举曾引起欧盟人权组织的兴趣，2002年和2005年欧盟人权组织的官员两次前来考察进顺村换届选举情况，并对进顺村选举的公平、公开、公正予以了高度赞赏。

（二）民主决策

进顺村在民主决策上执行得非常彻底，在这里，村民代表大会是最高权力机构。村务按照"民主—集中—民主—决策"的操作程序，实行民主决策。为使民主决策更有效率，进顺村成立了议事组织，建立了议事制度，规范了议事程序，凡属村务管理的重大事项，先分别召集党员、企业负责人和村民小组长开会征求意见，由村两委班子集体研究形成初步意见，再提交村民代表大会讨论，然后按大多数人的意见，做出民主决策，最后由村委会研究决定，形成决议后进行部署实施。

进顺村所建的重大项目包括两个工业园区、三个宾馆、五大市场、小康家园以及股份改制方案都是村民代表大会多数或全票通过才实施的。其中比较突出的例子是两个工业园区的建设。1998年，经村民代表大会多数同意，进顺村在南昌市青山湖区民营科技园购地41亩，兴建进顺村工业园，采取资本运营盘活洪都南大道存量土地12亩，采取等价置换的方式兴建工业园区，第二年即获利120万元。2002年在昌东工业园建360亩鄱阳湖工业园，首期工程占地93亩。这些重大项目，都是经过村民代表大会慎重的讨论，得到村民代表一致同意后才实施的。

（三）民主管理

进顺村村务管理的最大特点是规范化、制度化、企业化。进顺村每年都要组织党员、企业负责人和村民代表参与制定进顺村"年度基本法"——《年度工作管理条例》，经村民代表大会通过，确定好村两委的任期目标，将任务量化、细化，以核心企业"南昌鄱阳湖大酒店集团有限公司"为投资和融资中心，确定年度预算和决算，从经营管理、财务管理、成本管理、质量管理到信息管理、人事管理等，全部依照现代企业制度规范运行。同时，全村精神文明建设、党组织建设、村两委干部和企业管理人员的分工都明确了责、权、利关系，形成了一套比较科学、严谨的动态管理模式，使村务民主管理更具有系统性、规范性。

村务管理的规范化、制度化和企业化，使进顺村村务管理由"无序"向"有序"转变。实行村务公开和民主管理以来，进顺村建立了一套规范化管理制度，形成了层次性、网络化、动态化管理模式，使全村每位党员、干部、群众和员工都能在这种管理体系中扮演好自己的角色，发挥好各自的作用，使村务管理、企业经营得以健康有序地进行。

（四）民主监督

进顺村的民主监督方式比较有特色，即村务公开和民主评议村"两委干部"。具体又分四种形式：

一是定期审计和审核,村委会成立了由集团公司监事、无职党员、村民代表和村民小组长组成的"财务审计小组"和"村务监督小组",每季度对村部及村属企业进行财务审计,再向村党委、村委会通报审计结果,并向责任单位提出口头和书面整改意见,最后经过村务监督小组审核后,方可公开。

二是张榜公布,全村设有四处固定的村务公开栏,每季度的第一个月的10日准时公布上季度村里的财务收支情况、村委会重大决策、计生指标、村民建房指标、为民办实事情况和村物业管理收入情况等。

三是会议通报,每逢有村两委干部会、党员大会,企业中层干部和村民小组长会议,都要通报村财务收支情况及村务重大事项。每年底在村民代表大会、退休村民迎春座谈会上做到"三通报一征求"(即通报当年全村工作、财务收支情况、下年各项工作打算和广泛征求村民代表、退休村民意见和建议)。

四是民主评议,村两委干部除了按上级的工作考核外,都要接受党员和村民代表的民主评议,评议结果不仅作为任用干部的重要依据,还与村干部的工资、奖金直接挂钩,从而有效地促进村干部增强做好本职工作的责任感和紧迫感,让村民真正享有民主决策和当家理财的权利。

加强民主监督的最大成果是使进顺村干群关系由"猜疑"向"信任"转变。1993年前,由于没有实行村务公开和民主监督,诸如征用土地、巨额投资项目、重大决策事项等,工作透明度不高,全村的广大党员、干部和群众对此事项有猜疑,甚至引起党员、村民上访,干群一度处于紧张状态。实行民主监督后,不仅提高了村务管理的透明度,还使广大党员、干部和群众真正享有参与决策和管理的权利,使村民由"猜疑"转为"信任",密切了干群关系。

进顺村还组织成立了村民纠纷调解委员会、老年人协会、关心下一代工作委员会、红白理事会、刑释人员帮教工作小组、公益事业服务小组等公益服务组织,有利地促进了进顺村的和谐发展。现在的进顺村不仅是小康村,还是安全村、文明村、公益名村。

三、文化生活

"罗书记啊！现在我们坐在家里都有得吃了，你辛苦了这么多年，也应该享受享受了。"听到这些话，罗玉英却高兴不起来：必须马上扭转村民"小富即安"的小农思想！于是，她带领村两委干部和企业干部到全国有名的先进村参观学习，回来后马上开展了"三讲三比"（即讲家史、讲村史、讲发展史；比精神、比技能、比贡献）活动，激励全村干部群众"致富思源、富而思进"。同时还开展了"农户争十星"、"争做文明进顺人"、"八荣八耻"教育、"十佳五好文明家庭"、"十佳敬业爱岗标兵"、"十佳孝顺星"、"长寿星"等丰富多彩的精神文明创建活动，进顺村先后建立了阅览室、活动室、电教室、员工培训中心、农民夜校、老年活动中心、体育活动中心等文化活动场所。文化场地的建立陶冶了村民的情操，村民学文化，学科学蔚然成风。到目前，全村村民家有一顶书橱、两份报刊、杂志和三百本藏书的达80%以上。还组建了村级业余文艺宣传队、成立了老年人夕阳红表演队等，村子每逢三八妇女节、五四青年节、国庆节、春节等都要举行乒乓球、象棋、羽毛球、征文、演讲比赛，春节期间还要举行舞龙表演及拜年活动。另外，村党委和村企业还联手创办了《进顺报》、《鄱阳湖》报刊，给广大爱好文学的村民、员工提供了一个展现自我的舞台。业余生活丰富、充实了，村民们"闲有所乐"，社会风气也更加积极向上。

第四节　股份制新村的兴起

30年的改革开放给中国农村大地带来了翻天覆地的变化，农民经济地位得到极大提高。作为江西省的首富村南昌市进顺村，在30年前还是有名的贫困村，如今发展成为了著名的亿元村，"大锅饭"式分配的经济模式，已基本被现代经济管理体制的股份制所取代，成为中国农村经济30年发展的一个缩影。

一、"穷窝"里的农民过上小康生活

进顺村的前身——进顺生产大队所在地是南昌市有名的"穷窝"——上窑湾。"一根扁担两只箩,有女莫嫁上窑湾"。这首流传了很久的歌谣,记录了当地村民心中曾经的痛。改革开放之后,进顺村转变发展思路,靠建酒店、发展旅游企业集团成为了江西的首富村。

村党委书记罗玉英说,1978年以后,随着国家建设的逐步进入高潮,进顺村大量土地被征用,由此,进顺村获得了集体经济发展的"第一桶金"。20世纪80年代中期,在建了一系列的村办小企业后,进顺村开始进入第三产业的宾馆酒店经营行业。为避开当时一些领导提出的不允许农民搞第三产业的限制,进顺村以"建围墙搭民房、逐步加高拓宽"的方式,在南昌市建设了村里第一家酒店。由此开头,进顺村在酒店餐饮业上如鱼得水,迅猛发展。到1997年的时候,进顺村已成为拥有多家大型酒店餐饮企业的江西首富村,集体累计资产总额达到8000多万元。

但土地资源的减少、小富即安思想的出现、激励机制的不足、集体经济风险、出口单一等发展的问题也随之而来,开始制约进顺村的进一步发展。

二、集体经济走向股份合作制

面对发展的制约,罗玉英和她的村民们开始琢磨要对村集体经济的经营管理和利益分配进行一次"动筋骨"的改革了,即将现有集体资产作价成股份,按照一定规则分配给村民,让全村村民都成为股东。

罗玉英介绍说,对进顺村这样一个集体经济发展到了一定规模的村庄,股份合作制改造,是村集体经济进一步拓展发展空间必须要越过的槛。

她说,对村集体资产实行"股份制改造",可以使产权进一步明晰化,改变较为单一的经济模式,实现全村村民风险共担、利益共享的动力机制，有利于决策管理的民主科学、集体资产增值增收和调动村民参与集体经济活动的积极性。

另外，集体经济的股份制改造也有利于实现"按资分配、按劳分配"，推动利益分配的更加合理化，解决村民在集体经济收益中的二次分配问题。但罗玉英认为，集体经济股份制改造更为重要的是刺激了集体经济的二次创业，让已逐步成为城中村的进顺村逐步脱离地域制约和对土地的依赖，突破原来的管理制度的约束，实现在管理上的进一步朝现代企业制度的转型，在发展空间上实现跳出进顺求发展的战略拓展。

经过充分准备，1999年，在村两委的提议下，进顺村村民代表大会一致通过了对村集体经济实行社区型股份合作制改造的方案，村企管理模式开始注入更多的现代性元素。进顺村由此也成为江西省第一个进行农村集体经济股份合作制改革的村庄。1999年底，进顺村以鄱阳湖大酒店集团有限公司为母公司，确认村集体资产为8593万元（不含土地），折算成股份8000万股，其中45%的股份按一定的比例配置给全村村民，55%股份作为集体控股股份。

按照集体资产共同享有、按劳分配、多劳多得、激励有功者、照顾伤残和计生户的原则，进顺村根据实际情况，划分出成员股、工龄股、岗位股、优抚股和特殊贡献股等，进行有差别的股份配置。村民配置的股份可以转让、继承和馈赠。罗玉英说，现在进顺村村民人人持股、个个当家，每年村民股利分红300余万元，人均可分到2000余元。

56岁的熊吉槐是进顺村集体企业公司里一个村民股东。与其他1000名村民一样，获得了村里集体资产股份合作制改造后的股份以及每年可观的企业红利。熊吉槐激动的说："原来通过发展村集体企业，我们这些面朝黄土背朝天的农民成为工人。现在集体企业的股份合作制改造，让我们由工人又进一步提升为企业的股东。现在我家5个人，包括成员股、工龄股、岗位股、特别贡献股等，累计拥有近12万股村集体企业股份。去年只股份分红就有13000多元"。同熊吉槐一样，一度是"穷窝"里的进顺村村民们也经历了从农民到工人，再从工人到集体公司股民的身份转变。

三、村企分开，村民成为股东

集体经济的股份制改造极大地刺激了进顺村的发展。2007年，进顺村已经形成了拥有三家大型宾馆、三个工业园区的企业集团，集体经济总产值20多亿元，固定资产总额5.5亿元，村集体纯收入2930万元，村民年人均收入已达到10600元。

小日子过得非常惬意的进顺村又将目标瞄上了一个新台阶，将村里的优质资产进行整合，争取三至五年上市。罗玉英说，村里的企业争取上市能进一步促进村级企业本身更为规范化的管理，有助于建立完善、科学的企业管理制度，让村集体企业向现代企业集团迈进。进顺村的村民们将是上市公司的第一批原始股东。

江西省社科院经济学专家麻智辉分析认为，进顺村的集体经济股份制改造是今后我国一些拥有较强实力的农村集体经济组织的一条发展道路。这些富裕的村庄，集体经济实力强大，拥有地产、土地租赁等比较固定的收益，管理难度和风险小，而且预期收益在不断增长之中。麻智辉认为，进顺村的集体经济股份制改造较好地解决了过去集体经济收益分配重集体轻个人的问题，对破除当前众多农村集体经济村企不分的管理体制具有重要意义。

第九章　红色文化第一村

——河南省南街村

"东方红太阳升，中国出了个毛泽东……"早上6点15分，南街村的广播站开始播放颂扬毛泽东的革命歌曲《东方红》，毛泽东的雕像如守护神一样耸立在南街村的广场上，广场上还有"毛泽东思想永远放光芒"等大标语。南街村新的一天便伴随着这轻快的旋律开始了。

第一节　村情简介

一、村庄简介

南街村位于河南省临颍县城南隅，因地处县城南厢，故名"南街"。全村有回、汉两个民族，共848户，3180口人，1000亩耕地，总面积1.78平方公里，紧靠107国道，西临京广铁路，东临京珠高速公路，交通十分便利。村里有26家村营企业，诸如拉面工厂、调味料厂等。1984年，村办企业的总产值只有70万元，到1995年已经达到12亿元，实现了飞跃发展。改革开放以来，南街村遵循党的"一个中心，两个基本点"的基本路线，因地制宜，大力发展集体经济，走集体共同富裕道路，实现了物质文明和精神文明建设的飞速发展。

南街村坚持用毛泽东思想教育人,以雷锋精神鼓舞人,以革命歌曲激励人,提出了建设共产主义小社区的奋斗目标,强化了职工村民的集体主义精神,营造了浓厚的昂扬向上的集体主义氛围。全村党员干部、职工村民发扬"二百五"的"傻子"精神,坚持"外圆内方"的治村方略,人人敬业爱岗、乐于奉献。党务、村政、企管、教育、民兵、治安、工会、共青、妇联、计划生育等各项工作均受到了党中央和省、市、县各级领导的高度称赞。先后有30多位党和国家领导人和200多位将军到南街村视察指导工作,其中有朱镕基、乔石、宋平、李岚清、曾庆红、李长春、罗干、张爱萍、刘云山、曹刚川等党政军领导同志;《人民日报》、《光明日报》、《中国青年报》、中央电视台、《朝日新闻》、美国之音等众多国内外新闻媒体对南街村作了大量报道;美、英、法、德、日等20多个国家的数十家新闻单位也都到南街村作过实地采访。

南街村获得了"全国先进基层党组织"、"全国模范村民委员会"、"全国文明村"、"中国十大名村"、"国家级生态村"、"全国优秀乡镇企业"等殊荣。南街村集团多次获得国家级、省市级荣誉称号:中国食品工业质量效益奖企业、工业排头兵企业、中国食品工业百强企业、全国食品工业优秀龙头食品企业、省级农业产业化龙头企业、河南省百户规模优势企业、河南省重点服务企业、河南省科技企业和河南省民营科技企业50强等。"南街村"商标为国家驰名商标。

二、经济概况

"改革开放以来,南街村坚持走发展集体经济、共同富裕的道路。现在基本实现老有所养、壮有所用、少有所教、幼有所育的目标。"村委会党支部书记王宏斌如是说。

(一)南街村经济背景

南街村依靠当地粮食资源,围绕农业办工业,围绕龙头企业上配套项目。发展粮食深加工,此外通过组建国家大型一档企业——

河南省南街村（集团）有限公司，形成了农工贸一体化、产供销一条龙的产业格局。从而实现了层层增值和良性循环，壮大了集体经济实力，在1991年率先摘取河南省"亿元村"桂冠，1998年总产值更是达到了18亿元。南街村兴建了食品、农业生态旅游、医药、电器、钢铁五大工业园区，并聘请高级人才管理企业。南街村经济具有极大的发展潜力和良好的发展前景。

(二) 南街村集团

说道南街村不得不提到南街村集团，南街村集团可以说是南街村的一块金字招牌，南街村人无不对拥有南街村集团而感到骄傲和自豪。南街村集团对南街村经济的带动作用是不可估量的，对南街村摘取河南省首个"亿元村"桂冠的贡献也是非常重要的。

南街村集团为什么可以让南街村人这么的引以为傲？那么下面让我们来了解一下它吧！

南街村集团，全称是河南省南街村（集团）有限公司，地处豫中平原的漯河市临颍县城东南隅，紧靠107国道东侧，东临京港澳高速公路，西邻京广铁路和武广高速铁路，北临省道逍襄公路。交通便利，四通八达，环境优美，拥有十分丰富的农业资源和地下水资源，是兴业和商家投资置业的理想之地。

南街村集团是集产供销一条龙、农工贸一体化的集体性质的大型集团公司，总占地面积1669600平方米，资产总额达279186万元，现有员工8362人，吸收了村里绝大部分的青壮年劳动力，解决了村里百姓们的就业问题同时也提高了他们的生活水平，集团全年实现工农业总产值在150000万元左右。

一个公司要想保持持续的发展，唯有进行不断地创新，拥有先进的技术知识和管理经验是非常重要的。南街村集团人深深明白这个道理。他们一方面积极引进和培养一大批的技术人员，目前，南街村集团拥有各类技术人员2147人，其中，高级职称人员85人，中级职称人员528人，初级职称人员1206人，其他技术人员328人；拥有博士5人，硕士27人，本科629人，大专948人。同时南街村集团设有博士后科研工作站、省级企业技术中心、河南省小麦面制品工程技术研究中心和多个下属企业的各种研究所。南街村集团从事研究开发的人员有462人,其中拥有生物工程博士2人,食品工程博士2人,小麦深加工方面硕士研究生、本科生150多人,研发人员力量雄厚,为产品的创新奠定了坚实的基础。另一方面,南街村集团创造性地推行"目标计划管理"、"整体优化现场管理"、"百分考评管理"、"六定一赔损"、"以活动促管理"等一系列现代化的企业管理理论和管理模式,以内部管理架构整合、市场营销架构整合、品牌形象架构整合为主要内容的"三个整合"为契机,使公司逐步形成了一套独具特色的运行机制。

雄厚的研发力量和创新能力加上现代化的管理模式使南街村集团在探索与实践中形成了以粮食深加工为主导方向、以生产多种方便食品为龙头的,产业涉及食品、饮料、酒类、印刷、包装、医药、工艺品雕刻、旅游等的,拥有15个大类产品、近200个品种的大型集团公司。产品涉及面粉系列、方便面系列、调味品系列、饮料系列、啤酒系列、白酒系列、湿面系列、麦恩休闲食品系列、药品系列、包装材料系列、胶印制品系列、彩印制品系列、工艺品系列、假发系列等。其中部分产品出口销售到蒙古、朝鲜、俄罗斯、韩国、日本、美国、澳大利亚、孟加拉国、南非等国。

南街村集团以其良好的产品质量和售后服务在国内甚至国际上都树立了"南街村"的著名品牌。集团多次获得国家级、省市级荣誉称号中国食品工业质量效益奖企业、工业排头兵企业、中国食品工业百强企业、全国食品工业优秀龙头食品企业、省级农业产业化龙头企业、河南省百户规模优势企业、河南省重点服务企业、河南省科技企业和河南省民营科技企业50强等,"南街村"商标为国家驰名商标。其产品也多次获得各种荣誉称号,如中国国际农业博览会名牌产品、第三届中国国际新技术名优产品博览会金奖、河南省名牌产品、河南省卫生安全食品等。

南街村人依靠自己的勤劳与智慧在南街村集团挥洒着自己的汗水,一份耕耘一份收获,相信南街村集团会拥有更加美好的明天。

第二节 历史回顾

过去，南街村人大都是在自家的一亩三分地上看天吃饭，没有其他收入来源，村民们生活非常困难。1981年，在全国推行联产承包责任制时，南街村的土地与集体资产也一样分到各家各户，村民们靠着这少量的土地艰难度日。因为南街村农业生产条件差，单靠土地难以维生，加上紧靠县城的缘故，村民们开始出去务工经商，于是村里出现了不少兼业农民，他们对土地兼而难顾，耕作粗放，有的甚至把土地撂荒，农业生产受到影响。农田水利设施因人为破坏和年久失修而无法使用；因土地的分散耕作，使大型的农机具不能使用而成了一堆废铜烂铁；粮食产量也因此大幅下滑，由原来的750多公斤下降到250多公斤。村里仅有的两个企业——砖瓦厂和面粉厂分别承包给两个人，但两个企业承包人不履行承包合同，长期拖欠承包金和工人的工资，承包者的腰包鼓起来了，大多数农户的收入却下降了，群众的不满增加了，曾一度造成干群关系非常紧张的局面。

终于在1984年，村党支部在支部书记王宏斌的带领下收回了承包出去的工厂，同时按照自愿原则将土地收归村集体所有，由支部组织集体经营。1986年，集体开始以供应平价面粉、水、电等优惠条件换取村民交回责任田，至1991年完全收回责任田。至此，南街村又重新走上了集体化道路。南街村虽然一无水面，二无矿藏，三无森林，但是盛产小麦、玉米，还有1200多亩黄土岗。根据本村实际情况，南街村人在发展自己的经济时，发挥集体主义的优势，因地制宜，扬长避短，发挥资源优势，用自己生产的小麦磨面粉，在黄土岗上取土烧砖，走出了适合本村情况的发展道路。南街村由"玩泥蛋"起家，"玩面蛋"发家，并逐步扩大，滚动发展，最后形成了农工贸一体化、产供销一条龙、种养发展的、独立的、比较完整的食品工业体系。1984年，即重新集体化初年，全村总产值只有130万元，1985年南街村产值达到320万元，到1991年，南街村产值突破一个亿，在2000年时，南街村就已建成26个企业，实现产值14亿元。在人均收入方面，1984年只有450元，到1999年则已达到7482元，增长近17倍。

第三节 村情特色

"南街村目前实行的是工资加供给的分配办法。工资占30%，供给占70%。村民楼、生活基本用品都是集体供给的。随着集体经济的壮大，我们还将逐步扩大供给的范围，提高供给的档次，最终全面实现生产资料、生活资料的公有制"，南街村党委书记、南街村集团有限公司董事长王宏斌说。

自20世纪80年代开始，南街村坚持用毛泽东思想教育人，把毛泽东的集体主义树为旗帜，坚持走集体共同富裕道路。开始"把毛泽东思想端出来"时，王宏斌并没有想"用毛泽东思想统帅一切"，而只是想用毛泽东思想来调理村内紧张的干群关系，因为"其他办法教育不了人，使人杜绝不了身上的恶习。只有用毛泽东思想来教育人，才能去掉人身上的恶习。要反对以权谋私的人、搞特权的人、干坏事的人，对这些人咋治？就得用毛泽东思想来治。这是最锐利的武器，最有效的办法。"经过二十多年的不懈奋斗，南街村成为享誉国内外的全国文明村、中国十大名村、第一雷锋村等。已经富裕起来的南街村的尝试被称为"南街村现象"，并引起了全国的关注。

南街村实行的是"工资+供给"的分配制度，村民每人每月只发少量的工资，包括王宏斌，最高不超过250元人民币，称为"发扬二百五精神"。在南街村看来，工资代表社会主义的按劳分配原则，福利代表共产主义的按需分配原则，所以今后还要进一步提高福利在收入分配中的比例，直到完全取消工资。工资虽然很低，但村民们免费享受水、电、气、面粉、节假日食品、购物券、住房、上学、医疗等多项福利待遇，生活上无后顾之忧。全体村民居住在30多栋配备齐全的花园式的现代化公寓里，人人安居乐业、家家生活幸福。

南街村大办公益事业，相继建起了一系列公益设施。街道宽阔平坦，道旁绿树成荫，路灯彩灯交相辉映，厂房住宅鳞次栉比。成立了艺术团、军乐队、盘鼓队、门球队，建起了文化园、图书馆、档案馆、医院、康寿乐园等。同时，大办教育事业，投巨资建起了现代化、高标准的幼儿园、中小学和高中，还办起了报社、广播站和电视台。村民享受的福利费用在2009年每人平均达6700元，每年对村民这方面的供给开销，大约在2000多万元。

从1993年起，南街村开始建设高标准的住宅楼，按不同人口分配。一套居室耗资近8万元人民币。南街村的街道、建筑等水平大大超过临颍县城，甚至还要超过漯河市。拥有南街村村籍的村民们都被统一安排住进村里盖的楼房，按人头分，有的家庭分得三室一厅92平方米，有的是二室一厅75平方米。《国际先驱报》曾发表一篇记者陪同日本新闻界访华团考察河南南街村的见闻，文章中写道他们："参观了一个家庭，年过60岁的老两口把客人们迎进客厅。屋子收拾得整齐利落，墙壁上一个印有毛主席头像的钟表因特殊的灯光装置显得'四射着光芒'。29寸彩电、冰箱、洗衣机，日常生活所需的电器应有尽有。这些，都是村里统一为每个家庭配给的。"

南街村建有医院，医疗费是全免的，而且村民如有大病需要到外面就医，费用也是由村里出，省、市、县三级人民医院都是南街村的定点医院，村民去看病只需拿着村里的介绍信就行，不用带钱。

集体婚礼是南街村集体主义的一个象征。村党委书记王宏斌说，举行集体婚礼的目的是杜绝浪费，培养新人的集体主义观念。在南街村的村营面粉厂做财务工作的李永旗，今年元旦与在同村结识的男朋友举行了婚礼，现在与在村营工艺品公司工作的丈夫及公公、婆婆住在一起，住宅是村营两间一套（75平方米）的公寓。结婚仪式按南街村的规矩,由村里举行"集体婚礼",婚礼每年元旦举行一次。2010年的集体婚礼包括李永旗夫妇,共有20对新郎、新娘参加。村里送给新人的纪念品是《毛泽东选集》。

南街村集体主义的另一个象征是搞军事训练。村里约有8500人的民兵,通过军训,向村民等灌输集体主义思想。

实行集体主义,在当时的情况下适应了南街村经济进一步发展的需求,通过集体经营、集体管理、统一分配,实现了村经济的飞跃发展,村民生活福利大幅度提高,其生活水平大大超过临近的县,甚至不亚于一些市的居民生活水平。集体主义精神得到发扬光大,村民的精神面貌为之一新,社会安定,民风淳朴。被誉为"社会主义样板村"。这些都与集体主义的实行是分不开的。

第四节 南街村旅游建设

南街村景区是国家旅游局首批命名的全国农业旅游示范点,国家4A级景区,河南省著名红色旅游景点之一。近年来,南街村大力进行景区建设,充分挖掘文化内涵,着力打造特色品牌,使南街村景区形成了以工业园区、高新农业园区、南街村文化园区、村民住宅游览区、文化教育游览区、广场文化展示区、珍奇植物园区和革命传统教育区八大观光内容为主的大型红色旅游景区。

一、高新农业园区

南街村投资1500万元兴建了一个占地135亩的无公害蔬菜园区,园区严格按照A级无公害蔬菜标准进行生产,荣获河南省质量技术监督局颁发的"河南无公害蔬菜标准化示范基地"认证书;被河南省无公害农产品产地认定委员会授予"河南省无公害农产品生产基地";获河南省彩色马蹄莲、组培苗工厂化生产技术研究项目省级科技成果鉴定;被命名为"河南农业大学教学学习基地"。园区拥有2100平方米的组培室一个,WJK108型PC板温棚4座、

EM210 型双层充气膜温棚 17 座,其建筑设计和配置均采用最新科技和材料,综合运用了日光温室、生物技术、无土栽培、水培、滴灌等目前世界上最先进的技术。在这里,我们不仅可以看到高科技的建筑设计,还可以看到由航空育种培育的果蔬,可以观赏到从法国、以色列、荷兰、北京等地引进的高、新、特、稀、优类果蔬品种,令人大饱眼福。高新农业园区生产的产品不仅满足了南街村村民的生活需求,同时也向人们展示了今后中国农业发展的广阔前景。

二、居民住宅游览区

南街村共建起了 22 幢现代化居民楼,可容纳 800 多户村民居住,2003 年起,南街村又在邻村买下几十亩地,建设南街新村。村民每家每户的家具、电器、灶具等都是村里统一配备,村民所用的水、电、汽、面、蛋、肉、鱼等几十种生活用品都由村里统一分配。在这里,游客可以进入居民家庭,近距离地与热情好客的村民接触,游客可以通过自己的观察,全面了解南街村民的家庭生活。在居民区,南街村投资 300 多万元建起了上下两层的、形如"二龙戏珠"的幸福长廊,幸福长廊直达文化教育区,既有实用价值,又有观赏价值,巍巍壮观。

三、南街村文化园

文化园由影视厅、档案馆陈列室、书画苑、图书馆四部分组成。在影视厅内,观光游客可听取南街村带头人王宏斌关于本村历史变迁、两个文明建设情况的录像介绍,以增进游客对南街村全面的认识和了解;档案馆陈列室设有亲切关怀、神州奇葩、难忘岁月、工业雄姿、宣传教育、人心所向、未来展望等 13 个栏目,并展示有各种荣誉奖牌实物档案等。参观者可借助档案陈列展了解南街村的昨天、今天和明天。档案馆有现代化的办公设施,先进的档案密集架 32 列,馆藏档案门类有文书、科技、会计、声像、书画及图书资料近两万多卷(件);书画苑展示有名人字画,书画爱好者可在这里挥毫泼墨、一展风采。

在南街村文化园,我们可以看到20多年来,不少党和国家领导人、将军、中外社会知名人士参观、考察南街村后留下的历史身影和宝贵赠言。如原国家领导人、政治局常委宋平,对南街的评价是:"南街是个党校,南街是个精神宝库。"中国人民解放军德高望重的老将军张爱萍,为南街村的题词是:"山穷水尽焉无路,柳绿花红南街村。各尽其劳同富裕,美好未来奋勇奔。"全国政协副主席马万祺的赠言是:"百川归大海,互道亦同途,实践出真理,南街壮志高。"

四、文化教育游览区

南街村党委重视教育事业,投资数千万元建起了造型新颖别致、内部设施堪称一流的南街村幼儿园、南街村学校、南街村高中。在这里,人们可以感受南街村大力发展教育事业的宽广胸襟和战略眼光,可以感受南街村以德育人、强化素质教育、培养又红又专建设人才的浓厚氛围。

五、广场文化展示区

南街村投资100万元,在村中心建起了东方红广场,占地近万平方米。在广场上,我们可以看到毛泽东的汉白玉雕像和马克思、恩科斯、列宁、斯大林的巨幅画像高高地矗立着,40面红旗迎风飘扬,毛主席雕像前有民兵24小时站岗值勤。这里成了南街村人和外地游客进行社会主义思想和共产主义理想教育的良好场所,每年"七一"、"五四",南街村人都要在这里举行隆重的新党员入党宣誓、老党员重温誓词仪式和新团员入团宣誓仪式,接受毛泽东思想的再教育;还有不少外地的新党员在这里举行入党宣誓仪式。在朝阳门广场上,矗立着雄伟的"朝阳门"城楼,城楼上有孙中山的画像,刻有"天下为公,世界大同"的字句。夜晚,通过彩灯的光华,我们还可以欣赏到更加雄伟壮观的朝阳门广场。

六、热带珍奇植物游览区

荟萃珍树奇花,尽赏佳景无限。南街村热带珍奇植物园投资770万元,内有500多种树种、上万株植物。内有百花迎宾园、椰子园、热带雨林园、百果园、青竹园、沙漠植物园、农家园等。每个园区各具特色,风采迥异,在一睹珍奇植物的秀美风韵和壮观景色的同时还可以在设施优雅的游泳池内劈波斩浪,忘却烦忧,尽情挥洒人生乐趣。

七、革命传统教育园区

新建的革命传统教育景区,浓缩了中国革命的重大历史事件,让人足不出园便可领略中国革命波澜壮观的宏伟画卷,被省旅游局确定为河南省南部红色精品线路。进入这个园区,游客可以在游览之中接受中国革命传统教育,陶冶情操、净化灵魂、振奋精神、坚定信念。这里有毛泽东故居、毛泽东求学之路、黄洋界、遵义会议会址、延安宝塔、枣园窑洞、西柏坡等仿建景观,更有规模宏大、气势磅礴的毛泽东选集"四卷楼"。在这里可以追寻伟人足迹,感受战火纷飞的战争年代,让人们的心灵得到陶冶,思想得到净化,是接受中国革命历史传统教育的好去处。

经过近年的发展,南街村旅游以发展模式、教育理念、发展方针、分配办法、生活方式及创建共产主义小社区伟大实践为特色,全面展示南街村独特的红色人文景观,吸引了众多游人前来参观,先后有30多位国家领导人和200多位将军到南街村视察,南街村每年接待海内外游客50余万人次。到南街村旅游,广大游客不仅在亲身感受"游乡村都市,品南街产品,观红色文化,感集体优越"丰富内涵的同时,还会收到洗礼心灵、升华感情、陶冶情操的效果。游客们会乘兴而来,满意而归!

第十章　因地制宜开发产业第一村

——云南省福保村

"住在滇池边,吃饭要靠天,无雨遭干旱,雨来又被淹。"这是30多年前福保村的真实写照。如今,这个贫穷、落后、闭塞、"靠天吃饭"的小渔村已变成了"云南小康示范第一村"、"中国十大名村"、"全国文明村"。

第一节　村情概况

福保村位于云南省昆明市六甲乡辖区的南部,坐落于滇池之滨,系宝象河支流六甲河下游,三面环水,呈半岛型。全村国土面积2.155平方公里,现有农户1019户,全村耕地面积1035亩,人均耕地0.382亩。村东宝象河流经村域,纵横数十条沟,均可灌溉农田。福保村距昆明市区仅12.5公里,距六甲乡政府4.8公里。这里柏油马路纵横,交通便利,四通八达。

一、农村经济

改革开放的春风吹到福保村,贫穷落后但又积极进取的福保人开始思索通过兴办企业来脱贫致富。庄稼汉子认准了"无农不稳、无工不富"的道理,大家通过挨家凑钱、进城学工、回收废品办起了3家铸管厂，福保村也由此走出了搞活集体经济的开创性步伐。尝到办企业甜头的福保村在20世纪80年代初又创办起彩印包装厂。经过20多年的奋斗，福保人将单一的彩印包装厂发展成了规模庞大的福保包装集团。集团旗下的数个企业固定资产累计已达1.8亿元，年产值接近2.3亿元，其中福保彩印包装厂处于全国同行业领先水平。

现在，乡镇企业在福保村遍地开花，以彩印包装业为主的12家企业蓬勃发展，全村2709人中有1700人在村属企业中工作，企业还为社会提供了3000多个就业岗位。2007年全村集体经济固定资产达到10.6亿元，营业收入达到10.1亿元，上缴国家税金2554万元。

福保村人以其精明与睿智，适时地抓住了改革开放这个千载难逢的机会，结合本村的实际情况，大力发展乡镇企业，并且将乡镇企业从粗放单一的粗加工业发展到科技含量高、上档次、上规模、创名牌，在市场中占有一席之地的支柱产业。乡镇企业的发展带动了福保村经济的起飞，2001年全村乡镇企业总收入5.6亿元，其中1个企业产值上亿元，3个进入"云南省首届百强乡镇企业"。

"福保的工业上去了，经济发展了，村民们过得是越来越好！"谈起福保村殷实富裕的生活，村委会第二村民小组组长徐发笑得合不拢嘴。徐发已年近7旬，家里108平方米的双层小楼房住着3口人：老母亲、自己和老伴。他的四个儿女有三个选择留在福保村自主创业。

通过发展工业掘得第一桶金后，福保村又利用其位于滇池湖畔拥有良好的生态环境条件和紧邻昆明市具有便利的交通优势，投资文化产业，建成国内首屈一指的大型文化景点——福保文化城，2006年4月又建成大型水上景观艺术歌舞盛宴《福天宝地》。福保文化城以其与众不同的特色每年都吸引着各方游客来此游玩。近来随着三个半岛文化产业区的加速开发建设，文化产业成为福保村的特色产业。文化产业的崛起不仅为福保村带来了巨大的经济收益，而且为村民提供了大量的就业机会，增加了村民的收入，同时也大大丰富了他们的精神生活,人们之间的交流增多了,邻里关系更加和睦了,社会也更加安定了。

自建村以来,福保村一直以农业为主,福保人世世代代面朝黄土背朝天地在这一方他们深深热爱着的土地上辛勤耕耘着。福保村海拔1891米,年平均气温15.20 ℃,年降水量1065毫米,非常适合种植韭菜、花卉等农作物。结合昆明市的蔬菜供应需求,在很早以前福保村便进行了产业结构调整,以市场需求为导向,建起了韭菜基地等。福保人的生活慢慢有了转变。工业的发展为农业产业注入了新的活力。20多年来,乡镇企业总收入增加了500倍,福保村先后投资2000多万元建设农业基础设施、田间作业机械,包括兴修水利,购置现代化的农业机械,并且村里为增加村民的农业知识、提高农业技能,还开办了多期函授班,用培养新型农民的方式发展农业。

这一切都是为了增加村民的收入水平,争取提高村民的福利待遇。功夫不负有心人,在2007年福保村农村经济总收入达123616万元,其中:种植业收入1639万元,第二、三产业收入121977万元,农民人均纯收入达11668元。

二、基础设施

村子"富裕、和谐"了,福保村开始思索建设"秀美、文明"。从1994年起,福保村围绕"花园式福保村"的目标,开始了村镇建设,在不断创新的基础上,福保村对工业区、生活区、休闲娱乐区进行统一规划布局。先后投巨资完成了村镇基础设施建设,截至2007年底,福保村已实现水、电、路、电视、电话五通,实现了户户通自来水、户户通电、户户有有线电视、户户通电话的梦想。笔直宽阔的柏油马路直通六甲乡,全村共拥有汽车203辆,摩托车413辆,村民们往来昆明市区非常方便。全村先后建成风格各异、功能齐备的小康居民楼760余套。"楼上楼下,电灯电话"在福保村全体农户的身上真正地实现了。在2.2平方公里的土地上,每年村镇建设管理中用于绿化、水、电、道路维护等费用达80万元，配有标准绿化带和整齐路灯的道路网络四通八达，村容村貌得到了彻底改观，漫步福保村，人们难以分辨这里到底是农村还是城市。

三、风俗习惯

福保村自明代中期建村，至今已有500多年的历史，一直以来只有汉族一个民族。19世纪80年代后，因婚姻嫁娶关系才有了其他民族，村里现有彝族、白族、傣族、哈尼族、壮族等几个少数民族。

俗话说，"一村一风俗"，由于地理及自然条件的不同，在一些风俗习惯方面福保村和周边村庄不一样，形成了自己独特的村风村俗。因其祖先来自江南地区，文化、生产、生活方式与土著民族较之先进，故而有丰富多彩的汉文化生活习惯，也有源远流长的民族传统节日，同时也融汇了一些地方少数民族的风俗习惯。

福保村从古至今，一般村民信仰佛教，有少数村民受西方基督教的影响，信仰上帝。由于信奉佛教之缘由，其语言、习俗、禁忌及传统节日等均与昆明坝子和周边村落的汉族相同。

福保村的主要节日是汉族传统节日，如春节、元宵节、清明节、端午节、中秋节、重阳节等等。同时也有独特的村民节日，如老囡节（农历六月六日）、火把节、腊八月等更具地方特点。这些传统节日与具有浓厚地方特色的节日，世代沿袭，久盛不衰。

四、人口卫生

截至2007年底，该村有农户1019户，共有乡村人口2709人，其中男性1299人，女性1410人。其中农业人口2709人，劳动力1829人。人口以汉族为主。到2007年底，参加农村合作医疗的2709人，参合率100%。村民的医疗主要依靠村卫生所和乡卫生院。卫生所面积为300平方米，有乡村医生8人，该村距离乡卫生院3公里。

为有效解决村民的基本医疗保健问题，同时为积极探索农村卫生工作的改革之路，确实解决好广大农民"看病难，看病贵"的问题，实现"小病不出村，大病不出乡"的目标，福保村加大了对村卫生工作和社区卫生服务的投入力度，增加了对"新型合作医疗"的补贴，村领导班子切实地将村民健康和医疗问题放在一个十分重要的位置上。通过近一年的积极钻研，福保村在云南省率先完成了把"村卫生所向农村社区卫生服务站"转型的改革试点工作。从2007年，全村村民凡在村合作医疗服务站就诊的医疗费给予50%的补助，真正体现了全体村民小病不出村、看病有补助的惠民福利。

同时，农村社区卫生服务站前期的基础设施装修、改建工作已完成，配套购进的现代医疗设备如：B超、X光机、半自动血球分析仪、心电图机也已投入正常使用，这些都大大充实了社区门诊医生的服务项目，为村民们就诊带来了极大的方便。

与此同时，福保村采取了一系列的举措来提高村民的医疗福利水平，如：为了减少老年人的医疗费用负担，福保村开展了为60岁以上老人实行减少注射费、减少挂号费、免出诊费的两减一免政策，凡55以上的老人一年内可以免费进行健康检查，跟踪保健服务，村医义务上门服务等；为减少看病流程，缩短就医时间，实行配药离院前一次性付费制度；设立温馨观察病区，为留院观察及输液病人配置整洁的病床和电视机、饮水机；设计了健康处方和印制了健康咨询传单，并向就诊人员进行免费健康咨询等。

第二节　新农村建设成果

如果说发展工业让福保摆脱了贫困，发展文化旅游业使福保变得富足，那么建设社会主义新农村则让福保人实实在在地享受到了改革开放的成果。当然，福保的成功对当前全国上下正大力提倡的社会主义新农村建设无疑有很好的借鉴作用。

一、住宅新区建设

福保村72幢村民住宅楼拔地而起,每幢占地面积为142平方米。其中:建房占地面积为103平方米,而绿化占地面积达39平方米,绿化面积比例为27.46%。新区住宅设计合理,功能齐全,楼式美观大方,每户有客厅、厨房、卫生间、休闲娱乐室、健身室、电脑室、室外花园等,是多功能融为一体的别墅住宅楼。新区住宅竣工后,建房组又积极组织投入人力、物力、财力对住宅期的道路给排水管道、绿化进行了逐一实施,村里的主公路和新村道路得到了较快发展。

安居的同时,福保也没忘让村民乐业。目前,全村92%的劳动力在村属企业就业。村里开办了多期经济管理函授大专班、电脑学习班。福保村还为社会提供了3000多个就业岗位,其中,153名残疾人被安排在村属企业工作。

村民们每天早上闻着花园里花儿的芬芳精神饱满地投入一天的工作,晚上看着这绿油油的青草地,呼吸着新鲜的空气,心情愉悦地踏入家门。周末或是空闲时间他们则可以在娱乐室放松一下心情,或是在健身室锻炼一下身体,或是上网冲浪等等,也可以在自家的室外花园料理料理自己喜爱的花草。

二、公路改造

公路改造配备有人行道、绿化带标准,属城市化道路。在道路建设中改建了两条暗管,使农管和排放其他水质的污水管进行清污分流。在绿化带下埋设两条PG200的铸铁管道,一条是用于群众生活用的自来水主管,一条是用于消防用水、绿化用水的供水管。改造村主公路时拆除农户老住房27幢、集体房屋9幢、公厕6所、私厕65个,通信线路1800米,村中公路拓宽改直全长1130米,现路宽18米,有效路面积16950平方米。道路竣工后,紧接着配套安装了公路两旁路灯53座,栽种了道路沿线两旁绿化带内的花草树木。公路改造完成后,村里的面貌发生了巨大的变化,道路宽敞了，村容整洁了，这不仅方便了本村村民的出行，改善了村民的居住环境，而且由于车辆进出村里更加方便，吸引了更多的八方游客、中外学者到福保村参观、学习，福保的名声更加响亮了。

三、配套设施建设

为使小康村建设更趋于科学化、合理化，充分增强各种配套设施功能，切实为村民提供便民服务，福保村先后对水利设施、供电、供水、公共设施等进行了全面建设。首先，在农业方面，不断加强水利设施建设，两期工程管道费用投入381.5万元。其次，为方便群众生产、生活，又铺设暗管、架线通电，在材料及安装上等又投资了96.11万元，文体活动广场、绿化建设、通信设施等共投资992.15万元。第三，在公用设施建设方面上，建盖了公司办公楼、商业网点、水冲卫生厕所、公旱厕等。配套设施建设的顺利完成，是福保村实现小康的重要条件，促进了福保村全面建设小康社会的步伐。

四、村民福利建设

为了解决村民"老有所养"的问题，福保村常年对该村年满55周岁以上老年人每人每月给予大米、猪肉、鸡蛋等食品的生活补助，同时在年终分配时对年满60岁以上的老年人额外增加分配额度，在"七一"建党节期间对老党员发放节日补助慰问金；制定并完善了村民医疗福利，将合作医疗的补助比例、报销金额翻了一番。同时把村卫生所发展成为"社区卫生服务站"，从2007年，全村村民凡在村合作医疗服务站就诊的医疗费给予50%的补助，真正体现了全体村民小病不出村、看病有补助的惠民福利。

现在，福保村的老年人可谓老有所养，一点都不为将来担心。他们说，村里的"社区卫生服务站"每年为老人做两次免费体检，平时看病为老人报销50%的医疗费用，住院则可报销6000元，是国家新农合的两倍；每位老人每个月还能从村里领到鸡蛋、猪肉、大米、荞面等的补助；年底村里分红时，老人比年轻人能多分得

50%。2007年福保村年人均纯收入达到1.2万元，老人的收入也跟着直往上蹿。

"住得好、吃得好、学得好、工作得好，福保人如今安居乐业，一心只想着把福保建设得更好！"这就是福保人的现状。

第三节　特色产业建设

一、"文化福保"富农民

改革开放30多年来，福保村实现了两次跨越，一次是20世纪90年代初由"农业福保"向"工业福保"的转变，第二次是近两年开始的由"工业福保"向"文化福保"的迈进。发展文化产业为福保新农村建设注入新的不竭动力。

昔日，福保村村民以种地、捕鱼为生，生活贫困、落后。1971年，福保人创办了村里第一个企业——翻砂厂，后来发展成为铸管厂。创建之初，没有钱，就挨家挨户地凑；没有技术，派人到城里工厂去学；没有原料，发动村民回收废旧物品。老实的庄稼汉子只想凭借自己的双手吃饱肚子，却没想由此走出了开创性的第一步。党的十一届三中全会后，村里在原有铸管厂、造纸厂的基础上，又办起了小纸箱厂，1989年，福保农工商总公司以小纸箱厂为龙头，成立福保彩印包装厂。短短几年时间，包装厂就发展成为产品畅销全省的村支柱企业。

整个90年代，福保村的工业企业办得红红火火，成为云南农村发展集体经济的典范。但福保地处滇池边，土地资源有限，原有的铸造、造纸等企业占用资源大，技术含量低，并且环境污染大，路子越走越窄。后来村领导班子经过认真思考分析，认识到：福保只有发展资源消耗少，文化科技含量高，又不污染环境的产业，最终才有出路。福保新一轮发展将更多地取决于文化要素，取决于文化与经济的融合与互动；文化产业是具有巨大发展潜力的朝阳产业,大力发展文化产业,打造"文化福保",实现经济的可持续发展,才是福保的最佳选择。1996年,福保村决定将影响环境的制造业从村子中迁出,把发展重点放在第三产业上,建起了占地600余亩的福保文化城。今天这里已经发展成为一个集会议接待、文化交流、旅游度假、歌舞演艺及农业观光为一体的综合型农村旅游企业。后来斥巨资建造的蓝色庄园游乐中心和荣获"大世界吉尼斯之最"的福保文化城水世界都是福保村抓住机遇,顺应时代发展的要求,打造文化品牌的一个缩影。近年来,福保村大力发展娱乐、休闲旅游业,并成功举办了"首届福保亚洲杯攀岩赛"、"第三届村长论坛"、"中国·福保乡村文化艺术节"等活动,极大地提升了福保的文化品牌效应。

福保村紧紧抓住云南建设绿色经济强省和现代新昆明的机遇,及时调整发展定位,建设"文化生态示范村"。制定了以建设文化生态村为目标,围绕滇池环境保护要求,强化产业结构调整,以发展文化产业和休闲旅游业为重点,突出老昆明特色和湖光山色,使农业生态化、工业高科技化、农村城镇化,把福保建设成为融文化、生态、教育为一体的"文化生态示范村"的发展思路。并配合滇池治理,投巨资兴建人工生态湿地,在创建滇池生态保护示范村方面迈出了新的步伐,在滇池周边农村中发挥了示范带动作用。

二、昆明文化第一村

对于一般的村镇来说,拥有像福保文化城这样的旅游项目也许已经很满足了,但是对于奋发向上的福保人来说却是远远不够的。生活小康了,他们没有不思进取,没有满足于现状,并没有停下前进的步伐,而是继续探索把文化产业做大做强的新出路。

目前,福保村正在规划建设占地面积约8平方公里的福保三个半岛文化产业示范基地。福保人的目标是将这个基地建设成为以弘扬古滇文化为核心内涵,以文化产业、旅游业为发展龙头,广泛吸引社会资本注入,开发建设具有国际水准的集会展、康体、休闲、娱乐为一体的"滇池生态水乡",并逐步形成辐射、带动周边区域的超大面积绿色生态区、城市湿地建设和文化产业示范基地,力争把福保打造成"昆明文化第一村"。

围绕这一目标,福保拟组建以文化产业类企业为核心的福保企业集团,例如与云南省新闻出版局进行战略性合作,建设云南省面向国内和东南亚的印刷品生产基地和印刷物资集散中心,把包装印刷业做大做强。而且,目前总投资3800万元的"福保大剧院"已经建成,推出了展示滇文化精髓的大型水上景观晚会《福天宝地》。这部大型原生态歌舞剧把云南历史文化、传统艺术和餐饮文化有机结合起来,丰富了云南民族文化传播的载体,成为全省、全市的旅游文化精品项目,同时为游客更好地了解云南的历史和民族文化提供了很好的平台。此外,利用福保丰富的生态旅游资源,在滇池边一个占地300亩、预计投资2500万元的大型室外水上实景表演剧场正在兴起,让游客与滇池、生态湿地公园、艺术品走廊、购物商城、文化交流中心等项目融为一体,以充分展示古滇文化和"老昆明"民间艺术和民间工艺文化,提升福保的文化旅游品牌。

随着福保三个半岛文化产业区的加速开发建设,福保将通过广泛吸引社会资本进入,大力发展文化产业项目,积极筹办各类文化活动,促进福保的文化产业再上新台阶。

三、福保文化城

福保文化城位于中国十佳小康村、中国十大名村——福保村,是云南省著名的旅游文化企业,也是著名的旅游景区、景点,她位于风光旖旎、四季如春的春城昆明,坐落于滇池湖畔,这里风景优美,气候宜人,交通便利,地理位置得天独厚,从昆明国际机场和火车客运站驱车只需十多分钟路程。

福保文化城有丰富历史文化内涵的人文和自然景观,配套的各种旅游、观光度假、会议接待和休闲娱乐设施非常齐全,加上投资上亿元兴建的至今为止国内独一无二、荣获"大世界基尼斯之最"的室内温泉水上世界和集大型水上歌舞演出与民族风味饮食文化为一体的室内水上大剧场福天宝地,更以其磅礴大气和高科技含量成为国内首屈一指的精品文化旅游项目，是西南地区最具特色的旅游度假胜地和景区景点。

福保文化城比较著名的人文和自然景观主要有福保大戏院、福天宝地、室内温泉水上世界和福保滇池生态湿地公园等。现在你一定对它们充满了好奇吧？不要着急，下面让我们一个一个地来了解一下它们吧！

首先说一下福保大戏院吧！福保大戏院是由福保文化城投资3800多万元建成的水上景观艺术表演剧场，一流的设计，高科技含量，大胆地将表演的区域和空间融入水中，建成国内唯一的"室内水上大剧场"，填补了国内空白。在这里你将会为大戏院的磅礴大气而折服，你将会为国内首个在室内进行水上实景演出进行的设计而惊叹，是不是很佩服福保人的智慧呢？是不是很想亲眼目睹一下在水上实景演出到底是什么样子的呢？

当然，来到福保文化城最不容错过的是一场别出心裁的大型水上晚会"福天宝地"！下面我们去福天宝地转一圈吧！福天宝地是集原生态的古滇文化歌舞艺术和最具彩云之南民族特色的餐饮文化为一体的特大型歌舞餐饮文化盛宴。以大世界基尼斯之最——水上世界为依托，利用高科技手段将具有浓郁乡土气息的原生态的歌舞跟现代的表演艺术完美结合起来，改变了传统的舞台表演形式，将餐饮文化和观众互动有机地结合起来。以原汁原味的风貌再现了彩云之南百年文化历史景观和古滇文化源远流长的历史，通过云南山歌、小调、花灯和吟唱等多种方式——呈现了最具代表性的庄蹻开滇、郑和下西洋、昆明十八景、古渡渔灯、滇池春晓、大观楼长联、云津夜市等云南的文化历史和古滇文化等历史画面，气势磅礴，壮观新颖，引人入胜。

演员在水上欢歌、大观楼长联用花灯吟唱、一条条金龙狂舞水花、金马碧鸡在水中交相辉映、古老滇池畔的渔民悠闲地撒网……这一切展示了昆明这座滇池湖畔高原明珠独具魅力的地域文化和悠远的历史风貌。

福天宝地是继云南映象、丽水金沙、勐巴拉娜西、蝴蝶之梦、太阳女、香巴拉映象、太阳火等大型旅游歌舞晚会出台后云南的又一大文化艺术盛宴！而实景舞台设在一泓碧水之上，是她独具魅力的一大特色！在宏大壮丽的剧场，观众可一边品尝美味佳肴，一边将满场美景尽收眼底，赏心悦目中回到古滇国那悠悠岁月中。

来到福保文化城另一个不得不去的地方就是荣获了大世界基尼斯之最的室内温泉水上世界。投资1.2亿元，占地50000平方米的水上世界，采用来自地下1800多米、富含几十种对人体有益的微量元素的地下温泉水，以高科技手段建成水上漂流、温泉游泳、药浴桑拿和康体理疗温泉SPA等上百个温泉水上娱乐和健康项目，在这里你既可以感受"惊涛拍岸"、"浪遏飞舟"的壮观场面，挥洒"中流击水"的壮志豪情，还可以在轻松愉快的娱乐嬉戏中不知不觉地利用地下温泉水强身健体的功效。

还有就是不要忘了去游览一下福保滇池生态湿地公园。湿地公园也叫滇池老码头，内设天天长街宴、天天开海节、天天泼水节、天天火把狂欢节、游船观光、民族小吃街、滇文化实景艺术演出等。让您领略"门临滇池观鱼跃，户对西山睡美人"的美丽意境，饱览"三春杨柳，九夏芙蓉"的优雅景致，亲临五百里滇池奔来眼底的壮观场面，再现"古渡渔灯"的繁荣景象。在这里你可以享受到视觉、味觉、听觉上的盛宴，令人流连忘返。

第三节 文化教育建设

一、学习激励制度，增强经济社会发展动力

为了让村民的子女能有一个良好的学习环境，福保村党委决定，整合教育资源，利用福保已有的教学设施将具有60多年历史的昆明市第九中学落户福保。福保村现在已开办了幼儿园、小学、初中、高中、大专班，还专门引进了昆明教学质量最好的云南大学附中初中部，合办全日制寄宿学校，福保村已初步形成幼儿园、中小学教育、成人职业技术教育为一体的教育布局，为福保教育事业注入了新的动力。福保村还制定了村民教育培训目标，对全村青年进行学历和职业培训，并与省委党校合办了经济管理函授大专和中专班，选送村办企业的厂长、经理进行培训学习等，培养了一批经营管理人才。村里还制定了学习激励制度，每年对考上中专以上学校的学生分别给予奖励，这无疑激励了他们的学习积极性，从而促进了人才的培养与成长，为福保村的经济后续发展增强了后劲。

二、文化设施的建设，营造健康文化氛围

村里非常重视群众文化设施的建设，每年投入教育、文化、体育的资金逾百万元。投资兴建了图书室、报刊室、文化活动中心等文化设施。福保村先后投巨资建成了福保小学电脑室、语音室，改善了福保小学的教学设施；完善了体育设施等，最大限度地为村民提供方便，使村民在家门口就可以锻炼身体，增强村民的体质。

福保村坚持开展各种文化活动，满足群众的精神文化需求。成立了老年之家、妇女之家、青年之家、职工之家、福保文化艺术团、秧歌队、女子龙灯队等群众团体，形成了"月月有演出、节日有活动、人人都参与、无处不欢乐"的生动场景，切实丰富群众的业余文化生活。同时，通过开展"五好家庭"、"十星级文明户"、优秀党员、优秀青年、昆明市文明市民等创评活动，培养了村民健康向上的精神风貌，提高了村民的思想道德素质，营造了健康向上的农村文化氛围。

官渡区文明办副主任张玉洁介绍，福保村一共有3家文艺团体，演员都是村里的普通农民。他们经常到附近的农村、企业免费演出，既丰富了当地的群众文化生活，又进行了尊老爱幼、移风易俗方面的宣传。

第四节 政治文明建设

一、领导班子队伍

村党委在建设工作中以"云岭先锋"工程为载体,按照党建目标和基层组织建设"五个好"标准全面加强党的基层建设。一是每月坚持25日支部党员定期学习,每季度召开一次党委会及村委会企业党员干部会,年度党员冬训民主评议党员会,组织学习和研究精神文明建设工作;二是突出抓好党员干部的思想教育和党风廉政建设,对40多名入党积级分子进行党的基本知识培训,增强了党员干部对精神文明建设的责任感;三是实行"农村共产党员户"挂牌教育,目前已有121户党员户正式挂牌,使广大党员在精神文明建设中起好模范带头作用,收到了良好的效果。

村党委把精神文明建设列为重要议事日程,成立了村精神文明建设领导小组,制定了工作目标和措施办法。把精神文明建设与生产经营同时规划、同时布署、同时检查、同时奖惩,层层签订责任书,使每一次创建工作都有人抓、有人管。确保"组织领导、人员机构、资金投入、管理协调、监督激励"五到位,增强了干部群众的文明意识。同时,以创建文明村活动为载体,广泛开展了创建"十星级文明户"活动,使创建工作逐步向各个行业渗透与拓展。形成人人讲文明,户户创文明的社会氛围。此外,福保村党委先后与14集团军、六甲派出所开展了军民、警民共建文明村活动,并使活动实现了制度化、经常化。

二、制度建设

福保村党委深刻认识到制度管理蕴含的优势,因此积极创新建立健全各项制度。一是创新党员培养制度,从源头上抓好党员发展工作,把致富青年中优秀分子培养成党员,把党员致富能手培养成村干部。二是创新党员教育制度,坚持三会一课,每月25日党员学习日,学习党的路线方针政策和党员电化教育结合起来,通过观看先进人物的典型事迹和经验,做到看有形象、学有榜样,采取"重温入党誓词"、"党员政治生日"等有效做法,增强党员的自豪感和责任感。三是创新党员政治思想教育制度,制定党员具体任务目标,以考核、评比的方式,检验党员政治思想教育效果。四是创新党员技能培训制度,在云南省委党校支持下,村党委举办了两期经济管理函授大专班和两期函授中专班。又委派年青党员到清华大学参加培训教育,提高了党员的整体素质。党员在各企业,各部门都担任着重要的岗位,其中女党员17人。经过学习和培训,党员们懂经营、会管理,发挥党员的模范带头作用,带领群众走共同致富的道路。五是创新党员联系群众,为群众办实事、解难题、做好事。六是创新党员权益保障和激励制度,提高党员构建和谐社会及建设社会主义新农村的实践工作能力。

三、村务公开

福保村建立了农村公益事业建设"一事一议"制度,实行民主管理;成立了民主理财小组,主要以粘贴公告、黑板报等方式公开。这不仅增加了村务的透明度,使凡事都在村民的监督之下进行,提高了领导班子的办事效率,同时也带动了村民参与村里事务讨论的积极性,大家踊跃为村里的建设建言献策,都想为村里的发展贡献自己的一份力量,村里的思想建设非常活跃。